AF191236

Essenzen

des Herzens

Von

Heinrich Wolkenstein

Essenzen
des Herzens

Bibliografische Information der Deutschen Nationalbibliothek: Die Deutsche Nationalbibliothek verzeichnet diese Publikation in der Deutschen Nationalbibliografie; detaillierte bibliografische Daten sind im Internet über dnb.dnb.de abrufbar.

© 2020 Heinrich Wolkenstein
Herstellung und Verlag: BoD – Books on Demand, Norderstedt

Umschlag, Illustration: iStockphoto LP, Suite 313 - 1240 20th Ave SE, Calgary, Alberta T2G 1M8, Canada

ISBN: 9783756885435

Dieses Büchlein sei Madame Laloncette
gewidmet, denn war sie die Hauptinitiatorin,
zur Schaffung und Realisierung dieses Werkes.
Meinem geliebten Frauenzimmer zur Ehre.
Hab Dank für deine Größe.

Dein Heinrich

Tränen des Dankes

Wenn Tränen tief gefühlter Dankbarkeit, hervorgerufen durch ein paar wenige Menschen, bei mir fließen, sich in mir in mein Herz ergießen, sich zeigend süßester Lohn. Liebe.

Weit offen das Herz, so durch höchsten Gipfel erklimmt, sich einer Feder leicht aufschwingt und Schöpfung erweitert sich ausbreitet, sich nicht verdingt und dem vermeintlich Tode von der Schippe springt.

Ist Jesus je gestorben oder wurde er überhaupt geboren?

Ist eh egal, denn du bist auserkoren, dir selbst bester Freund zu sein.

Wenn du dich selbst liebst, dann ist zum ersten Mal Weihnachten.

Ich wünsche dir deine Herzverbindung.

Ich wünsche dir Tränen voller Dankbarkeit.

Ich wünsche dir, dass du glücklich stirbst.

Ich wünsche dir Kontrollverlust durch Liebe und Ekstase.

Ich wünsche dir alles, was sich dein Herz wünscht.

Ich wünsche dir Leichtigkeit und Frohmut, wenn du deine Liebsten zu Grabe trägst.

Ich wünsche dir Bewusstsein inmitten von Unwissenheit.

Ich wünsche dir Licht im Dunkeln.

Du bist alles, was du brauchst.
Du weißt es schon.

Bedacht

Aus den Tiefen des Seins erklingt eine Stimme, fest im Anschlag, liegt der Blick auf Korn und Kimme und zielen einzig auf Dein Herz allein.

Wenn das, was größer ist als du, sich in dir regt, gefühlt in mir, es mir die Sprache verschlägt, weil du so schön bist. Du hast es schon gesehen, ich war dabei, waren plötzlich alle Sorgen einerlei und du, nur mehr allumfassend Glanz.
Deine Schönheit darf jeder sehen, muss Mann nur sich selbst verstehen, doch Frau auch.
Seidig weich, Herz erweitert, Gefühl sich ausbreitet und einkehrt unter seinem Dach.
Herrlich lodernd Feuer deine Seele ziert und überdauernd aller Tode, du deine Wahrheit kennst. Ich hab gesehen, wie schön du bist.

Freudig, ob der Tage langen Wiedersehen's, wird dein Herz auf dich warten.
Ich sehne mich so sehr nach dir, ja nach Dir.

Hast du mich vergessen?

Ich bin's doch, dein Herz!
Einfach nur Liebe.

Herzruf

So laut allen weltlich Lärm auch ist, bleibt
Deines Herzens Rufen immer zu bestehen,
und wird im Lauf der Dinge ungeboren,
ewiglich, Dir auch nie vergehen.
Vielleicht habt ihr es schon geahnt?
Das wir unsterbliche Liebe sind.

Was das Leben wohl noch bringen wird?

Sicher wird es immer voller und tiefer,
denn ist das vorhandene Potential
noch lange nicht erschöpft und möchte,
der Liebe wegen geborgen werden.

Steine werden Kraft des Wassers glatt und
zeigen weiche Form. So ward der einstige
Stein in meiner Brust, geworden zu einem
lebendigen Herzen.
Liebe Grüße zu Dir.
 Dein Heinrich

Ans göttlich Weibliche

Meiner überlaufend Herzensfülle, würd ich gern mit Dir teilen, um in wohlig wärmend Nähe, ganz bei Dir fein zu verweilen.
 Guten fruchtbar Boden, find ich bei Dir in Fülle vor, um der Saaten duftend Blumen Ernte, gelegt vor Deinem Tor.
Ein wenig schüchtern sag ich dies, würde gern bei Dir ich ruh'n, nichts anderes bleibt mir übrig, als eben jenes Eine, demütig Dir zu tun.
Einem jeden eigen Herzen zur Gunst.

Sinnfrage

Wo liegt der Sinn, wo geh ich hin?
Ach wüsst ich nur schon, wer ich bin.
Obwohl ich's längst hab schon gewusst, bin ich mir dessen so oft nicht bewusst.
Doch kann ja alles nur mehr besser werden, und ist es schon.

Ans Herz gereicht

Viel zu sehr bin ich damit beschäftigt anderen von der Liebe zu erzählen, und hab meine eigene selbst noch vergraben.
Viel zu sehr sorge ich mich um andere, anstelle mich, um mich selbst zu sorgen.

Viel zu sehr rede ich klug und hab doch keine Ahnung.

Viel zu sehr bin ich bei anderen am Suchen und Fehler finden, doch erkenne meine eigenen nicht.

Aller Philosophie, Weisheiten und Erkenntnis, bringt nichts, wenn mir die eigene Praxis bzw. Umsetzung fehlt.

Wie soll ein Blinder einem Blinden den Weg weisen?

Alle tollen Ideen zur Veränderung der Welt und Rettung unsrer Erde verpuffen im Nichts, wenn ich meine Mutter (Erde) mit Füßen trete.

Auf das ich Liebe und Bewusstsein werde, obwohl ich's doch schon ewig bin.

Dein Heinrich

Fülle des Selbst

Wenn du alleine bist und dir dein Herzlein offen strahlt, bekommst der Mühlen mühen ausgezahlt. Der lange Weg zurück ins Herz.

Wer reichlich sät auf fruchtbar Bodens Grund, ereilt in Erntezeiten frohe Kund und voll der Kammern, an Korn gar schwer.

Nur in deinem Herzen wirst du gute Samen finden, wenn dann im Acker eingebracht, wird endlich lang ersehnter Sinn sich finden.

Ohne Herz ist alles träge, Handlung ohne Hingabe gleicht einer Säge, die zerschneidend dir dein Leben frisst.

König Ego einer Säge gleicht, sich maßlos alles einverleibt und allersüßest Verbindung trennt.

Mit dir bin ich tausend und eine Nacht, in Welten voller Blumen, wenn offene Herzen, sich in ihrer Fülle suhlen.

Bin ich eins mit Dir.

Danke Dir, mein Herz.

Wartender Tod

Warten, warten, warten auf den Bus, denn irgendwann, vielleicht schon Morgen, ist für uns ein jeden Schluss.

Warten, warten, warten auf den Tod, jener Neugeburt denn in sich trägt.

Dankbar bin ich, jenes Spiel des Lebens, so nah und schön erleben zu dürfen.

Warten, warten, warten in Demut und Dankbarkeit, für ein volles reiches Leben.

»Der Bembelmann möge doch endlich kommen und mich holen« sprach die Großmutter und meinte den Tod.

Wenn der Körper jeglich Nahrung verweigert, ist es an der Zeit sich einzustellen, auf's Loslassen.

So find ich in meiner Großmutter meine größte Lehrerin in bedingungsloser Annahme und Liebe. Ich weich ihr nicht von der Seite.

Habt ihr je gesehen, wie wir im Sterben unsere

einstige embryonale Haltung wieder einnehmen, und der Kreis sich schließt? So schön zu sehen, wie das ewige Rad von Geburt und Tod sich dreht.

Keiner ist je gestorben und ward gar nie geboren, sondern ewig bleibt die Seele unberührt, wandernd von Körper zu Körper.

"Samsara" so schön, so schön, gleich einem noch nicht Schmetterling, der sich verpuppt, um folgend davon zu fliegen.

An all jene die gerade Sterbende begleiten und Leichtigkeit euch fehlt, nehmt Kraft aus diesen Zeilen, denn zum "Erkennen" ist es nie zu spät. So schön, so schön, so schön, dass wir unsterblich sind. Mach's gut Oma. Dein Heinrich

Erkenntnis des Tages

Wäre ich in dem Maße bewusst, wie ich unbewusst "Unbewusst" bin, ich hätte den Dreh raus.

Liebe statt Hiebe

Es ist die Liebe, die mich zum Lachen bringt.
Es ist die Liebe, die tief in mir ihr Liedlein singt.
Es ist die Liebe, die nicht schwindet.
Es ist die Liebe, die mich tief im Herz mit Gott verbindet.
Es ist die Liebe, an die ich mein Sein verpfändet.
Es ist die Liebe, die Euch wärme spendet.
Es ist die Liebe, die von Herz zu Herz getragen.
Es ist die Liebe, die spricht,
was immer Dummes wir auch sagen.
Es ist die Liebe zu mir, jene mir zuweilen fehlt.
Es ist die Liebe, die nicht da in Dir, wenn ihr von andern stehlt.
Es ist die Liebe, die ich mir einst hab selbst genommen und es mich jetzt quält.
Es ist die Liebe, die brennt wie tausend Sonnen.
Es ist die Liebe, die alles hell, "Er" leuchtet.
Es ist die Liebe, jene mir die Augen feuchtet.
Es ist die Liebe.
In Liebe, alles Liebe.

Tristesse des Selbstbetruges

Wenn ich ehrlich bin,
war ich noch nie richtig ehrlich mit euch.
 Ich hab euch nie gesagt, wie mich das alles
hier anödet. Noch immer lebe ich im
Selbstbetrug und habe nicht den Mut, zu mir
und meinen wahren Gefühlen,
Wünschen und Träumen zu stehen.
Nicht mal meinem Partner erzähle ich es,
aus Angst und Scham. Jedenfalls hab ich mir,
das Leben, anders vorgestellt. Frei wäre ich
gerne, denn bin ich's ja, um alles zu tun. Diese
ewig graue Mittelmäßigkeit ödet mich an.
Ach hätte ich bloß nicht geheiratet, denn die
Nachbarin gefällt mir gut.
Ich wäre gerne mal so richtig wild und
ausgelassen, aber ich trau mich nicht.
Ich würde gerne dies und jenes erleben, aber
ich trau mich nicht. "Arbeit macht frei", so ein
Scheiß.
Es schreit mein inneres Kind:
»Nein das hab ich nicht gewollt«
Gefangen im Alltagstrott.
Tag ein Tag aus, die gleiche Leier.
Wieder Kind sein dürfen und das Leben leben,
wie mein Herz das will.
Ja du darfst! Alles liebe Euch.

Fülle

Alle nur erdenkliche Fülle und Tiefe des Seins,
sich in uns findet, ja freudig darauf wartet, sich
an uns selbst zu verströmen.
Es ist wahrlich ein Geschenk, jenes in unseren
Lenden schlummert. Eine schöpferische Kraft,
wie sie erhabener und erbauender nicht sein
könnte. Das missverstandene Geschenk der
Sexualität. Tiefste Einheitserfahrungen, des
mit allem verbunden und Einssein.
Es ist der freie Strom der göttlichen Liebe,
jener uns erfasst, wenn wir als Ego nicht mehr
sind und keine Blockade oder
Regelwerk/Konzept uns bindet.
Einssein in mir, so ungeteilt zu Dir. Süße
Schöpfung Dein Antlitz ziert. Ganz werden,
eins in mir, mit Dir.
Liebe und Hingabe, Verehrung des Göttlichen
in Dir, Heilung birgt. Nach der Heilung kommt
der Nektar und Leben wird so tief, das kein
weltlich Ding mehr Wasser reicht. Im Heute,
eben Hier und Jetzt es scheint, als ob ich
schlief.
Es ist eines der vielen Geschenke des
Göttlichen.
Danke dafür.

Gewahrwerdung

Wenn ich es zurück in die Liebe, Achtsamkeit und Respekt mit meiner Umwelt und mir schaffe, werde ich sicher gesund werden.

So viel hab ich probiert und versucht, konsumiert und Urlaub gebucht, doch hat immer was gefehlt. Nachdem ich fast erfror an kaltem Herzen, wird es warm, denn hab ich was geändert, es sich leichter an der Sonne schlendert. Liebe und Bewusstsein, wird Dir Schutz sein, gleich wärmend Lichter kalte Nacht erhellen. Alles Liebe

Geschrei

Ja ich höre dich rufen, schier unerträglich Schreien und komm sofort Dich suchen, gekonnt dich schnell befreien. Zu lange verrate ich dich schon, halte ich dich klein und willst doch einzig nur, ein Freund von meinen sein.

Ach Herz! Sich freut mein inneres Kind, wenn ich gehalten, nach vermissten Jahren, in Deinen Armen Heimat find.

Bist mir Heilung, Frieden und Liebe.

Du Stimme meines Herzens.

Dort, wo das Fließen der Zeilen seinen Anfang nahm.

Gleich Wellen der Meeres Wogen, jene die so lange ersehnte Küste, voll unablässiger Hingabe bespülend, neckisch, des Strandes Dekolletee streicheln, so finde ich Ufer an Dir.

Ganz still wird's, und endet mein närrisch, ungestümes, all zu hitziges Treiben.
Alles Pille Palle, Schnick Schnack, den ich zu wissen meine, verhallen in mir, und jeglich, so jung und schön, der Herr die Frühlingsmädchen auch ziert, verstummt und wird gar winzig klein, wenn Du in mir den Raum betrittst.

Aus Raum wird Stille, Festsaal, gleißend Licht, entrückend mir dies als dein Gedicht. In prächtigen noch schlafendenden Himmels gleichen Gärten, in denen langsam Frühling sanft sich breitet, ich des Morgens mit Dir lief, getragen in mir, war ich mit Dir hier schon.

Bist mir einer musischen Himmelsleiter gleich Auftritt, Eintritt in erhabenstes sphärisch, inner intimstes Reich. Gewahrsamkeit.

So lange suchte ich Dich, fand ich Dich und hab Dich doch nicht.
Wie soll auch freier Vogel das Lied der Liebe

singen, wenn der Wille des Besitzes,
freudig Flügel bricht? Sei frei du Feuervogel,
auf das mein Verzehren nach Dir,
meiner Fesseln, Bande der Begrenzung bricht.

Dich wünscht ich mir, obschon Verlustangst
des Tages Süße verlischt.
Hab ich Dich doch unverloren, auserkoren,
erst in mir durch Dich, ganz ohne "Ich"
gefunden.

Gibt es doch nur das wahre Leben zu
gewinnen, und der Mut zur inneren gefühlten
Wahrheit obsiegt.

Dir schenk ich meiner für mich schönsten
Lieder, in nie dagewesener Pracht, denn wie
geführt die Hand, in einer aus längst
vergangenen Tagen, in mir ungewohnter,
doch sehr vertrauter Sprache spricht.

Welch tieferer noch nicht gefunden Grund sich
findet, und sich an entsprechend Herzens
Fersen bindet, bleibt einzig, die Liebe aus sich
selbst heraus.

Gleich tosend ungestümer Sturmes Flut,
sich mächtiger Felsen ihresgleichen suchend,
jene es vermögen, mit ihrer unverrückbar
Standeskraft, wilder Flut zu brechen.
ENTSPANNUNG.

So selten, wenn mehr als Diamanten wert,
Dein lichtes Sein mich höher trägt und
verlockend, voll lieblich Wort und Tatendrang,
mein Herz mir springt.
Unbezahlbarkeit.

Kaiserin du schon bist, denn nie zuvor dies
Ding von dem ich Dir hier sing, so leicht und
schön von der Hand mir ging.

Wie tief das Selbst zu fühlen und
auszudrücken vermag, wenn nur zu Recht das
Herz gerückt und edelste Motivationen des
Geistes Antlitz ziert.

In Liebe an die Liebe.
Dein Heinrich

Gedanken zum Abend

Mir langt es, ich hab kein Bock mehr auf den
Scheiß.
Seit Jahren sagst du mir, ja ich nehme mir Zeit
für Dich und "Uns". Ich glaube, mich gibt's in
deinem Leben schon gar nicht mehr.
Ich und meine es doch echt nur gut mit Dir.
So lange warte ich schon auf Dich, hast immer
du noch so Wichtiges zu tun.
Mir kommt vor, ich stecke in einer leeren
Hülle. Außer hohler Worte kommt nicht viel
rum. Ja, von wegen du liebst mich!
Laber mich nicht voll. -bla bla bla-

keine Ahnung, wann Du das letzte Mal Liebe mit mir gemacht hast? Du ignorierst mich, nur weil ich Dir ehrlich sage, das Du unglücklich bist. Sorry, aber Du siehst echt scheiße aus.
Einfach nur Liebe.
Auszug eines Dialoges zwischen dem Herzen und Ego. Kennt das jemand?

Lieder

In mir da singt ein stilles Lied, von Liebe, Freud und Frieden, Freiheit dient als Bindeglied.
Im freien Raum erst kann sich entfalten, was in stiller Kammer ward geheim gehalten.
So werd ich ganz, so werd ich gar, ach ist das Leben wunderbar.
Lebt eure Träume, sagt nicht, ja Morgen mach ich's schon, denn der Tod schon lacht mit lautem Hohn.
Leben ist jetzt, im Moment.
Ja, Du darfst Du sein.
Licht und Liebe, und kümmere mich um mich!
Ja, ich bin es mir wert geliebt zu werden.

Alldurchdrungen

Es kommt der Liebe merklich gleich,
jene Energie des freien Raumes, welche alldurchdringend sich dem Auge des

Betrachters entzieht, nicht findbar, sich nicht
verdingt.
Atme, atme, atme tief. Stille.
Kannst loslassen, aufgefangen fallen, dann
kannst du es spüren. Sein im Jetzt.
Fühl dich zart berührt, verehrt und schlaf lieb
fein. Gott in allem.
Ich liebe Dich.

Klangwelt

Es erreichen mich aus wohl bekannten Orten,
lieblich Klänge Dir schmeichelnd, ausgedrückt
in Worten. Um euch im Herzen, vielleicht in
Tiefe zu erreichen, mögen Angst und stille
Sorgen, freudig nun der Liebe weichen. Doch
nicht im Außen wirst du Sie finden, kannst
Leid und Schmerz nur an dich binden.
So ging ich nach innen, um Sie zu suchen,
fand im Herzen gleich Treppenstufen,
den Weg zur Liebe und stand nun hier,
gesucht, gefunden, schreibe ich Dir.
Aus dem Selbst so muss die Liebe kommen,
dann kann Sie Dir auch nicht genommen.
Werden, stehst alleine inmitten von schon
toten Herden und beginnst Sie wieder zu
beleben, werde ich nur mehr von der Liebe
reden. Hell Dein Licht, jenes in Dir strahlt,
hast lang darauf verzichtet und teuer nur
bezahlt. Nun ist's an der Zeit für Dich, da zu
sein, achtsam mit Dir umzugehen.

So Du es Dir endlich wert bist, geliebt zu
werden.
Weil ich Dich liebe.
In Liebe,
dein inneres Kind.

Zeilen des Herzens

In kosmischer Fülle labend fand ich mich,
und öffne intimstes Erleben, mach ich reinen
Tisch. Damit Mut und Vertrauen Du Dir
ungeniert entnimmst, möge heilend Dir Weg
bereitet, wacker Gipfel Herz erklimmst.
Es ist die erlebte Welt aus all meinen Träumen,
wenn am endlos kargen Wegesrand, sich
endlich lang ersehnter, füllig Blumen säumen.
Blumen der Liebe sind es, die ich Euch
zahlreich bring, närrisch für mich lauthals
schrei, wie lieblich für Dich sing.
Für mein inneres Kind, möcht ich achtsam auf
mich schauen, wohl gefühlt gar wissentlich,
lieber aufs Bewusstsein bauen.
Die weltliche Bildung ist vergebens wertlos,
gar herzlos wie es scheint, denn nur im Krieg
und Fußball kämpfen wir vereint.
An meine innere Stimme gilt dies appellieren,
möge das Gewissen mein, mich prüfend tief
studieren.
Ob alles mit Sinn und rechter Dinge geht
einher, zuweilen schwer die Wahrheit drückt,
gleich schmirgelt wie Sand und Meer.

Meine Wahrheit, jene ich so lange nicht sehen
wollte.
Doch ist aufgeschoben nicht aufgehoben,
hab ich mich doch nur selbst belogen.
Einsicht eines falschen Lebens.
Heute nach vielen Jahren, mein Herz mir
lebendig schlägt,
Licht den Raum mit Freud erfüllt, gleich sich
nach Außen trägt.
Dankbarkeit an unsern Schöpfer.
Dein Heinrich

Rebellionen des Herzens

Mein Herz möcht ich bewegen, weit und sanft
für dich,
in meine Worte Liebe weben, leicht wie fast
schon wunderlich.
Das Einzige das uns entzweit ist der Kopf,
vollgepackter Gedanken,
ergriffen Gelegenheiten Schopf, sich öffnend
alter Schranken.
Unermesslich wertvoll deiner Tage sind,
war ich im Herzen taub und blind,
wie hab ich mich nur selbst belogen,
so schrecklich lange selbst betrogen.
Wirst Du dem tiefen Rufen deines Herzens
folge leisten?
Wird Bewusstsein und Liebe empfunden von
den meisten,

wenn Deine wahre Schönheit sich zeigt.

Liebe Dich, Kundalini steigt von der Wurzel
bis zum Scheitel,
nur gedacht verstanden wirkt's am Ego stolz
wie eitel.
Aus deiner Mitte heraus darf es nun entstehen,
wirst ab heute und ewig dann,
Deiner eigenen Wege gehen.
Dein Leben, voll Deiner Träume,
raus aus der Sicherheit in neue Räume,
denn liegt mein Schiff schon zu lange im
Hafen.
Unsterblichkeit und pure Liebe wir sind,
hatten es nur vergessen, frag mal Dein inneres
Kind.
Dankbarkeit, Hingabe und Demut mächtige
Herzens Schlüssel sind, wenn zurecht der Saat
gebraucht, Dir unendlich Segen bringt.
Einfach nur Liebe.

Dein Heinrich

Liebeszeilen

Es sind Zeilen an die Liebe und Freiheit,
die jedem von Euch zum Nehmen gegeben ist.
Dem einen schenkt es Trost in finstrer Nacht,
soll wohlig Wärme fein Dir sein, dem Zweiten
sich's zeigt in schönster Pracht, fand des
Herzens glitzernd Schrein.
Dem Dritten wird's als Wiege des Todes
dienen, schon Lichter sanft am Grabe
schienen.
Der Vierte hat's verpennt.
Dem Fünften wird es rügend Rüge sein,
denn dauerhaft sich's nicht gut lebt, im vielen
falschen Schein.
Der Sechste wird bejahend sagen, Tag ein Tag
aus ist er am Klagen, verbittert wie schon lang
vermessen, hat sein Ego alle Freud gefressen.
Lebt euer Leben wie ihr es wollt, von Gott
sei's gereicht, der Narr dem Herzen Hoheit
zollt, weil Angst gar schnell dem Mute weicht.
Ehrlichkeit zu sich selbst ist unbezahlbar und
birgt alle Süße des Lebens in sich.
  Hütet Euch des Geldes wegen vor all zu
schneller geistiger Prostitution.
In Liebe, Heinrich

Demutsschlüssel

Vom mystischen Schlüssel der Demut ich
schreibe.
Von Empathie und Hingabe begleitet, in voller
nicht objektbezogener Liebe, sich das
Schauspiel des Daseins in jedem manifestiert,
jener ehrfürchtig,
den Schlüssel sanft leicht dreht.
Doch braucht es Mut, der Schatten in uns tief
zu blicken,
um Dunkles durch Nektar Licht zu tauschen.
Gar bitter manche Kost der Einsicht,
des lange ward Verdrängten,
weil zehrend Ego in unserem Körper hängt.
Wenn tiefer Respekt vor der Schöpfung,
dein Antlitz Dir so schön scheint, Dich
erhaben ziert,
offen der Tore, des Herzen Grals liegen.
Vertrau, denn Verzeihung dich auf die Terrasse
hebt.
Dir selbst verzeihen,
dass Du so lange nicht für Dein inneres Kind
da warst,
Du Dein Herz verraten hast.
Vergebung
Alsbald sich Ekstase breitet,
wenn Heilung tief der Zellen flutet.
Entspannung, vom all zu langen Lebenskrapf,
Kampf vorbei.
Hingabe und Dankbarkeit zum Versiegeln

kleine Wunder sind.
Blumiger Duft den inneren Raum erfüllt,
alles in tiefes entspanntes Schweigen hüllt.
So erhaben schön der inner Weltenreise,
wenn geführt das Sein ins Licht und Respekt
an Ehrung, der Intuitionen Absicht ist.
Nicht absichtslos, sondern in voller Absicht
durch und durch Lieben,
und geliebt Erfüllung finden.
Fang an Dich zu lieben.

Verwegen

Einzig nur der Liebe wegen fließ ich in
Hingabe schamlos gar verwegen, gegen
Geister und Dämonen gleich, alsbald entledigt,
bin ich reich.
Wenn meine Schatten in mir beleuchtet in
strahlend gleißend Bewusstseins Licht,
die Angst dann weicht, zur Seite geht, weil
Dein Mut kommt und laut spricht.
Zäh in Schatten, Verborgenes sich windet,
an Geburt und Tod, deine reicheste Seele
schier ewig bindet. Kein ein blindes Huhn der
Dunkelheit entrinnt, da kein Bewusstseins
Korn, in seinem Herz entspringt.
Alsbald Du gefunden was lange verschüttet
ward, wird erschreckend lieblich Bild der
Wahrheit offenbart.
Von süßen Tränen der Heilung schreibe ich

Dir, gelegt der Zeilen an Deiner Tür.
Wenn's im Dunkeln dann zu leuchten tief
beginnt, wirds gesehen, Du lang ersehntes
inner Kind.
Einfach nur Liebe.

Wonnetod

Wenn Erlesenes, Edles dein Sein durchdringt,
des Bewusstseins Flügel dich gen Himmel
bringt. Tausendfach bist dem Tode so
entronnen, doch tausendfach neu geboren ohne
Wonnen.
Meinen Körper hab ich vergessen auf langer
Reise, beginne neu in Wurzels Tiefe, zieht
Kundalini "All-Es" erneuernd seine Kreise.
Von unten hebt Sie sich sanft wie still empor,
bis angekommen reich am höchsten Tor.
Strahlend golden Licht sich breitet, voll an
Liebe, Herz begleitet. Alles verzehrend
sinnlich zerfließt, wenn Dein Kelch der Fülle
sich ins Sein "Er"gießt. An Hingabe ich mich
labe, wenns nur zurecht empfangen wird,
gewürdigt der Gabe, lang ersehnte Freiheit.
Dich labend, möchte Dich das schöpferische
Sein durchströmen, wenn Herzen langersehnt,
im strahlend Scheine sich versöhnen.
In Liebe ist alles Liebe.

Tiefer

In den Tiefen Deines eigenen Seins wirst Du
mich finden,
Dir   sogleich   Seelenlasten   Schmerzen
schwinden.
Wenn Du Dich mit mir verbindest, Deine
eigene Liebe zu Dir findest,
so werden höchste Intimitäten in Dir frei,
gibt es weder gut noch schlecht bleibts
einerlei.
"Du bist Deine Mitte"
Wenn kein Geteiltsein mehr in Dir ist, wird
Einklang weit ganz ohne Frist, wo alles
Sehnen und Streben endet.
Endlich entspannt im Frieden, durch
"Sein der Du bist."

Frei von Wertung, Verurteilung,
fern geheuchelter Moral an Plicht eröffnen
sich Räume voll, Erkenntnis tritt ins Licht,
jene wir zum Ganzwerden so sehr brauchen.
Ja "Du" bist, geliebt sei schamlos
"Du im Sein", nur Deines einen Wahren,
"Ausdrucks Du" darf auf zur Trepp voll
Sinnesreim. In tiefer Liebe zu Dir.
Dein eigenes Herz.

Unsterblichkeit

Ewige Unsterblichkeit Du bist, nimmst dem

Tod so seine Frist. Gesetz der Liebe, "Dich" so
schön ziert, hast Du der "Liebe Kunst" studiert.
Wenn freudig Herzlein ungestüm, gar wild
schon tanzt in mir, hab ich der Saat zu Recht
gepflanzt, und eben Gleiches rat ich Dir.
"Du bist frei" durch freien Willen kannst wohl
entscheiden, wer nicht will, der wählt noch
leiden. Ich mag mich nicht mehr selbst
belügen, werd ich weiter tief mein Acker
pflügen. Den Acker meiner Seele, darf ich
reich vollends blühen sehen, der heilend
Tränen, voller Süße, musst erst fühlend
lernend neu verstehen. Einfach nur Liebe.
Dein Heinrich

Tage der Demut

Nach einem ultratiefen Herzerleben in der
Sonntagsnacht, zeigt sich heute die Blüte des
Erlebten. Ganz klein und unwissend, roh und
unachtsam ich mein Sein fühle, ruhend im
Wissen, das alles gut ist und ich geliebt werde.
Tränen um Tränen sich zuweilen ergießen,
um zu wässern, die neue Saat der Demut.
Wenn die Dinge jene ich fühle oder eben nicht
fühlte, immer subtiler und feinstofflicher
werden, erkenne ich wie lachhaft und nichtig,
meine gedachte Erkenntnis ist.
Im Hier und Jetzt hat es sich mir ins Herz
gebrannt, möchte mir schützend Lehre der
Achtsamkeit sein. Wie kann ich Licht sein,
wenn ich selbst im Dunkeln stehe?

Und gerade wieder
ziehend Herzenschmerz gespürt, mein Kiefer
sich krampft, sogleich uraltes Unterdrücktes,
sich in Form von Tränen löst.
Dankbarkeit fürs lernen dürfen, durch
Bereitschaft durch den Schmerz zu gehen.
"Liebe Dich"
Dein Heinrich

Lebensfülle

Weil das Leben so viel Fülle bietet und
wohlwollend bereit hält auch für Dich, wenn
wir unserer Herzen wieder öffnend, verletzbar
zeigen. Nur ein offenes Herz kann ein anderes
offenes Herz empfangen wie erreichen. Wie
soll auch nährend Fluss der Liebe mein
Herzlein mir erweichen, wenn tief der Graben
von Trockenheit durch meines Egos Leichen?
Öffnung, Öffnung, innere Öffnung und alle nur
erdenkliche Fülle wird mich erreichen, weil
ich Fülle bin.
Du bist unerschöpfliche Fülle!
Erinnere Dich.

Liebe

Glaubt nicht, dass es leichter wird, wenn ihr
euer Herz wieder öffnet und wahrlich tief zu
fühlen beginnt. Doch voller und so viel
schöner und toller das Leben wird, wenn bei

offenem Herzen die Liebe in mir,
ihren angestammten Platz zurückerhält.
Wo ist jener Kelch des Heiligen Grals,
empfangend Schale für der Fülle, jene ich
zuweilen erreichen darf?
Das was mich am meisten lockt, die Liebe,
macht mir auch am meisten Angst.
Nicht zu kontrollieren, unendlich Sie ist,
und alles in sich verschlingend, das alte
vermeintliche Selbst, in die Neugeburt fließt.
Liebe, Liebe, unendliche Liebe bist Du.
Du bist ich, ich bin Du und kann meine/deine
Angst verstehen, doch frage ich Dich, ist sie
noch berechtigt zeitgemäß?
Auflösung in die Liebe.

Rosengarten

Wenn Rosengärten im eigen Herzen wieder
blühen, gleich emsig Bienchen um Honig sich
bemühen. Süßer Nektar dem gefundenen
Selbst entspringt, und uns dem Himmel näher
bringt. So viel Fülle steht bereit, bereit für den
der sich befreit, denn zäh und träge ist mir die
alte Last!
Weit und breit und leicht und voll, ekstatisch,
toll, soll so nicht unser Leben sein?
Gott hat Freude an strahlenden Kindern, die
sich in Liebe lieben. Für ein wahres Leben in

Glückseligkeit.
In Liebe,
Dein Heinrich

Tiefste Sehnsucht

Tiefste Sehnsucht nach vollem Leben sich
zeigt und gefühlt in mir schmachtend, nach
zartverletzbarem Herzraum, den ich zuweilen
im Innern betreten darf. Einem gewaltigen,
spiegelnden Himmelweiten, aller nur
erdenkliche Süße des Seins in sich bergende,
geheiligte Grotte des Herzens. Nur im Hier
und Jetzt der Zugang sich magisch dem
Hingegebenen offenbart. Indikatoren für das
Erreichen der Fülle des eigenen Herzens sind:
Nicht zuhaltende und unkontrollierbare
Tränen, der alles zum Bersten bringenden
kosmischen Ekstase. Bei einer gut
funktionierenden Empathiefähigkeit des
Gegenübers, können solche extatischen
Herzräume auch gemeinsam aufgezeigt und
betreten werden. Welch Wonne, welch Genuss
so tief in unserem selbst verschüttet liegt,
denen die alt bekannten orgasmischen
Zustände nicht annähernd das Wasser reichen
können. Es ist gewaltig, was in Dir liegt, und
lerne mich für mich gerade erst kennen. Stell
dir vor, wir machen das gemeinsam, erzeugen
volle tolle Win-Win Situationen und teilen

dann die Fülle in Liebe. Unbezahlbarkeit.

Sandburg

Sand in der Hand zerrinnt wie die Zeit, hat's
nie gegeben, ewig ungeboren neu gestorben,
bis gefunden lang ersehntes inner Kind.
Den wilden Fremden in mir möcht ich finden,
so wer sich selbst erkannt, wird Allessamt, gar
ganzer Schöpfung Strahlen, im Auge Deines
Nächsten sehen.

Allein, All-Ein im Ganzen, bist alleine, magst
dich auch verstecken hinter hohen Schanzen,
wird doch Licht zu Dir, bis Deiner vor
durchdringen, bis heilsam lösend zart die
Tränen, süßer Heilung rinnen.
Eine Eins neben einer Eins ist eine Elf.
Würdigung des Friedens, wenn das Selbst, in
verehrend inneren Haltung der höchsten Liebe
dargebracht. Selbstliebe, des Herrn voller
Kreation lobpreist.

Deines Kalibers gleichen sucht ich lang und
kann doch, durch Suchen nur, nicht gefunden
werden. Finden nicht Suchen.
Wenn kein Sucher im Außen da draußen mehr
ist, denn er im innen alles findet und
ebenbürtiger Gleichklang tiefster Stimmung
sich einstellt, folgt alles von selbst zu rechten
Tagen. Zarteste Verletzbarkeit, der letzten

Intimitäten Grenze ist und vollkommene Nacktheit sich manifestiert.

So lass mich dir wenn dein Herz dir ruft mich offenbaren, um der Verletzbarkeit des Herzens wegen, offen mich dir zeigen, wenn keiner mehr des Gesichtes Züge kontrolliert und Herz des andern schlagend, in deiner Hand dir liegt. Bereit zu sterben, das Alte darf nun gehen. Um der Welt zuliebe, nahmen wir Tod um Tod auf unserer Schulter, um immer weiter zu tragen, der Gottes Lobpreis Worte.

Es lebt der Mensch nicht nur vom Brot allein. Wie es mir geht mit dir in lichten Räumen? Wo tausend Küsse schmeichelnd mir mein Körper entlang flanieren.

Nicht mag ich mich meiner des sich entspannend Körpers Tönen zieren, sich zeigen, wenn freudig müßig Künstlerin dem Flügel, darauf gespielt, kosmisch Urklanges Klang entlockt. Frohlockt, froh lockt Ekstase, wo Bewusstsein ihre Süße breitet. Nie getrennt, auch in dunklen Tagen immer ward mit dir verbunden, nur vergessen, das Kabel intern hat Blockade überwunden, um in das Netz der Liebe einzutauchen. Never ending Flatrate.

Ein paar Ehen und Jahrhunderte später, mit den Falschen hab ich mich selbst betrogen. Der Spiegel wegen ging ich zu ihnen und hab mein eigen Bild gesehen. Ganz verzerrt und schwarz
vor Leid, bis Licht mein Herz erneut erblickte.

Ganz begossen, wie ein nasser Pudel, find ich mich wieder mit dir in Flusses Strudel, der uns wirft der Wogens Kräfte wegen,
uns bedächtig fein gen Himmel gegen. Doch nicht gegen,
sondern mit dir mit, halten wir seit Geburten Schritt ... der Ebenbürtigkeit wegen.

Oh süße Muse, lange vermisste Liebe mein, mögen dieser Zeilen Segen mit dir sein, so wie wir einander. Zeiten um Gezeiten suchte ich dich und fand dich in mir. Verehrung sei dir edle Königin, möge dein Schoss dir heilig sein.
Glückseligkeit
Dein Heinrich

Kontrollverlust

Immer wenn ich es schaffe Kontrolle über das Geschehen des Moments aufzugeben,
ob beim Tanz, in der Meditation oder der Sexualität,

geschieht Alles.
Im "Nichtsein" alles Sein verborgen liegt
und himmlisch leicht gleich einer Feder nur
wiegt.
"Du darfst Du sein".

Haben oder Sein

Das was alle wollen kann man nicht kaufen.
Die jenen die Es verkaufen, haben Es nicht.
Die jenen die Es haben,
verkaufen Es nicht, doch kannst Du Es haben
wenn Du Es Dir selbst gibst.
Einfach nur Liebe

Selbstverantwortung

Ich bin mit mir im Frieden, liebe mich,
und bin mir dessen bewusst, dass Kraft meiner
Gedanken und Taten, ich mein Leben lenke.
Wer außer mir, wohl für mein Lebensglück
zuständig ist?

Leichtmut

Mutige Leichtigkeit und aufmerksame
Gelassenheit, ob der Dinge, jene sich
beständig, unveränderlich verändern und
durch kein noch so Schreien und Wollen,
aufgehalten werden können.

Entspannt im Sessel seinen Platz einnehmen.
Im Herzen und Beobachter, nicht im Denker.
Im Fühlen sich Erfahrung integriert, und durch gedachte Liebe, Mann eisig kalt schon friert ... Frau auch.
Wie kann Beziehung in die Welt, Partner und mein Leben passieren, wenn lange verschlossen und bewusst, aus vermeintlich Schutz, mein Herz kein Licht mehr sieht.
Vergraben tief, läuft alles schief, doch schweig ich still und passe mich der undefinierten Masse ohne Klasse an.
Zu Lebzeiten der Tod im eigenen Bett.
Freiheit, wild sein, zügellos, hemmungslos, ehrlich offen und verletzbar mich zeigen dürfen, ach wie sehne ich so sehr danach.
In meinem Wesenskern möchte ich gesehen werden und loslassen.
Loslassen, Loslassen, aufgefangen werden.
Ich bin da für Dich.
Dein Heinrich

Geburtentod

Sich alles dreht, bewegt und kein Ding steht still, beständig der Auflösung entgegen.
Geburt, Sein, Tod
So der Erkenntnis, entspannend Wissen im Herzen fehlt, gar schmerzlich fehlend Wissen quält.
Doch das Wissen gewusst, hat's am Endes

Ende keiner.
Denn nur gefühlt sich Tor des Herzens,
breit sich weitet. Verbreitet sei des Frohsinns
Kund, im Herzen Dein ist alles bunt.
So viele endlose Farben, Variationen und
Mischungen Du bist.
Alles was du willst, alles was du Dir
vorzustellen vermagst, bist du.
Ja, Du bist und darfst Du sein.
Alle anderen Rollen sind schon vergeben.
Du bist Dir selbst am nächsten.
In Selbstliebe sei dein Schalten und Walten.
Sei's dir wert!
Sonst am Ende, Dich der
Folterer Vorwurf Dich verzehrt.
Aus Unachtsamkeit des Herzens.
Erinnere Dich das du Liebe bist.
Ich liebe dich.

Zeilen an Hippolyta

Offener Herzraum sich zeigt,
hat Dein Herz meines gar angesprungen,
hab das Lied der Liebe Deins, Dir
vorgesungen.
Gleich einer Schwester dich haltend wieg ich
Dich, bist beschützt und lieb ich mich.
Liebe ich mich, liebe ich Dich,
denn ich bin Du.
Ganz sanft, rein und schüchtern zart,
ward Verletzbarkeit uns offenbart.
Offen, offen, offen das Herz.
Hast du dich gespürt?
Ich mich zutiefst, zu Tränen tief,
mir eine nach der anderen lief,
und glänzend meine Wangen ziert.
War es doch Gottesraum, jener sich uns
gezeigt. Zeilen des Königs sende ich Dir oh
Göttin. Weit mein wollen von Dir fern.
Wie sonst könnt ich liebend,
Gottes Mutter in deinem Herz Dir verehr'n?
Mein Bestes von mir sei Dein,
weil ich's mir wert bin.
So bin ich Du.
Eins ewig verbunden.
Dein Dich liebender Heinrich.

Zeilendein

Es sind Deine, für Dich Zeilen, mögen Sie in
Dein Herz Dir eilen, um zu stärken und lieben
Dich. Mein Erinnern, mich mit Dir in Wälder
Wurzel Baumes tief führt und nährend Herz
erfüllt. Mit dir durft ich endlos Sein
in abgestecktem materiellen Raum,
bis keine Grenze mehr uns trennte von Dir,
mein Herz. Durch deiner Kraft wuchs ich
empor und hab Dich mitgenommen,
Himmel erklommen bis zum Loslassen, denn
nichts mir auf ewig bleibt. Nur im Hier und
Jetzt, ganz und gar sich einverleibt. Oh Liebe,
oh Liebessüße mein, mögest immer bei mir
sein, und nie mehr gehen aus meinem Herzen.
So lange Leben,
wir einander uns nun schon kennen,
vielleicht ist's Zeit, jetzt Ruhe zu finden,
in mir und Dir.
Liebe, ach du süße Liebe,
wie ist deiner Klingen Schnitt so scharf, dass
alles trennt,
was nicht ebenbürtig ist und Zeit nicht bleibt.
Geliebte mein des Herzens,
Dich lob ich mir.
Dein Heinrich

Die Wiege des Königs

In der Wiege des Königs ward ich geboren,
doch kein König ist der,
jener nicht König über sich selbst ward und
erklommen Gipfels Kreuz im Herzen.
Der recht gewogenen Mischung von Herz und
Kopf, offen Herz und Edelmut des Geistes,
ihm zur Weitergabe gereicht.
An Ritters Tafel im Herzen fand ich mich des
Nachts, auf tiefer Reise.
Mich ergebend, den Armeen des Selbst, dem
Einen, ward Segen reich.
Majestätisch Dein Thron in deinem Herzen auf
Dich wartet. Auf das du deinen Platz
einnähmest und Einkehr findest in Dir.
Einer höheren Bestimmung folgend,
rufe ich Dich, Mann, Hüne, Held des Herzens,
um Deines Standes gemäß,
Deinen Platz in unseren, Deinen Reihen
einzunehmen. Vielleicht war die Zeit des
Vergessens für manchen schön, doch viele sind
gestorben im Selbstverrat. Komm Heim
Bruder, Deine Zeit ist reif und rüstend,
schützend, Bewusstseins Rüstung dir glänzt.
Wohl an, geh auf Dich zu und finde der
Stärken Dein.
Damals, ja wir haben gegen Drachen gekämpft
und siegreich Schatten Hof gereinigt.
Doch der Jahre Nachlässigkeit im

vermeintlichen Frieden, hat neue dunkler Heeres Scharen in mir vereint und eingenommen mein klein Herz.

Doch sind der Tage schon gezählt und Heldenmut dich ziert. Lass Schildbruder mich Dir sein. Erinnere Dich Krieger des Lichts, komm in Deine Kraft.

Wenn "Du" nicht bist, wirst riesengroß,
wenn "Ich" nicht bin, ist's Gottes Los, denn seine Hand nur meiner Geschicke führt.

Der Mutter zum Schutze gereicht, denn braucht Sie uns und schwer der Last an Unwissenheit. Mögen der gespannten Bögen, heilend, heilig, Liebe Pfeiles alldurchdringend Spitze sein. Bruder Dich rufe ich, ich Dein Herz! Nicht des meines wegen,
der Deinen Kindern wegen Wege zu ebnen in goldne Zeit. Himmelreich, reich im Himmel Du bist.

Erhebe dein Haupt gen Sonnenglanz zum Sonnentanz,

Wonnentanz, Wonnenglanz des Seins.

Es ist Deins in Dir,
komm schon, komm schon sag es mir,
ob du noch lebst oder lebendig unter Toten weilst? Zieh an den Wagen aus dem Dreck,
komm steh auf, wir machen's weg,
was lange verstaut in alten Kisten, verbrennend aller vermeintlich Verpflichtungslisten. Denn bist du frei!

Frei bist Du, zu wählen der Farbe deines
Herren. Kann ich für mich, nur mehr den
Herren aller Farben, wohl verehren.
Liebe, einfach nur Liebe.
Dein Heinrich

Wiege Dich

Ich liebe mich, ich liebe dich, wiege mich ein,
in Dein "Schrein voll Sein".
Find der Staben zu einem Buche, sind der
Gaben reine Suche, und finde wieder Dich in
mir. Sich öffnend alter längst vergessen Tür,
bis tief in "Was war in Birkenhain?"
Heilung- Herzraumflimmern, surreal ganz real,
bleibt kein Stein auf dem andern
und hilft kein Wimmern.
Bleibt die Welt dem Grobseher nur Stein, wo
doch alles schwingt und klingt. Menschlein
ringt um Anerkennung, dadurch Schwingung
sinkt, drum nach der Trennung durch
Wahrheitsnennung, Totes zum Loslassen
zwingt. Inzwischen den Zeilen kleine Perlen
liegen, und findige Finder sich räkelnd,
selig wiegen. Wer birgt, des Schatzes Güte,
Gefundenes ihn wohl behüte.
Einfach nur Liebe.

Neuland

Neue Räume des Seins sich mir erschließen und offen mein Herz sich zeigt.

So viele tiefe Tränen der Heilung im Herz nun fließen, wenn ein offenes Herz vor einem anderen Herzen, würdig ehrend sich verneigt.

Sich offenbaren durch Bewusstsein und Segnung. Doch erst nach rechtem Teilen in Liebe, "Es" sich erhob, erhellend nun im Innersten weilt. Es verunsichert in "Nichts und Allem" unerwartet Halt zu finden, während das Ego in gewohnte alter Muster falscher Sicherheiten entflieht. Um wieder lebendig Tod zu sein?

Im freien unkontrollierten Raum nur, sich Leben zeigt. Alles schwingt und singt im kosmischen Sein des Selbst, wenn ich mich öffne und völlig verletzbar zeige.

Nur in der Offenheit Deines Herzens
wahrer Genuss entsteht.

Wie soll ein Haus seine Gäste empfangen,
wenn fest verschlossen, gar eisern schwer die Tür? Verrücktheit sich zeigt,
wenn das Herz erkaltet und stirbt.

Doch Verrücktheit durch offen Herz der Liebe gar entzückt. Im Keller baute ich mein Fundament, gründend tief in Göttin's Liebe.
Dein Heinrich

Liebeslichter

Der Fülle wegen und aus zutiefst gefühlter Dankbarkeit, soll dies Schreiben mein,
Deinen herzlich Raum Dir innen füllen.
Liebt, liebt, liebt, denn kurz sind unserer Tage.
Wachsam "Aug des Todes" Nächsten sucht.
Drum lebe Dein Leben so wie Dein Herz Dich führt, änder Dein Streben, frag was Dich berührt, im innersten Kerne Dein.
Noch immer süß der Geschmack Deiner Lippen mich erinnern lässt, denn alle Fülle fand ich nur in Dir, mir kein weltlich Ding mehr bleibt. "Er im Innern".
Sich räkelnd Kätzchen in mir schnurrt, weil alles so voll "Liebe Lichter".
So süß und sanft doch tödlich der Geschenke durch Dich Dein, mag ich Dir höchster Treppenstufen sein. Um Dich zu erinnern,
und erheben an die, jene Du gestern vor dem Höchsten schon mal warst.
Königin erinnere Dich.
Das Du Liebe bist.
Dein Sein mich tragend, waren's der Wellen Kundalini, nährend unsern Weg verband.
Süßer Nektar Traum.
Dich ehre ich, werd Dich schützen, oh Spiegel meiner Seele. Mein süßestes Sein.
Gott in Dir.

Ich kenne Dich!

Ja, ich kenne deine Ängste und kann Dich verstehen, doch wenn du Dir vertraust und dein Herz wieder öffnest, wird alles gut.

Wenn Du meinen Worten vertraust und tief in Dich fühlst, kann Dein inneres Kind Dich erreichen. Ja es lebt und regt sich in Dir, nur ein wenig versteckt, hab ich es doch gerade mit Dir gefühlt. Wenn du Dir die Tür zu deinem Herzen auf machst, Wünschen, Träumen und Sehnsüchten Weg bereitest, wird Erfülltheit Dir eigen sein. Doch schau, wem in Dir, welches Begehren wo entspringt? Dem Herzen oder Ego? So süß wird dein Leben werden, wenn du es Dir endlich erlaubst im offenen Herzen glücklich zu sein.

Höre einfach auf Kompromisse zu machen und folge dem Rufen deines Weges.

Ein wenig Schmerz des kleinen Bereuens wird sein, doch ist Lichterglanz des Segens Dir gewiss. Komm, komm zurück in Dein wahres Leben. Liebe-Liebe-Liebe

Einfach nur Liebe. "Ich darf ich sein".

Herz oder Ego?

Nektarbiene

Tiefstes Licht in Dir, klopfend von innen an
deine Tür, kann von Außen nie
Dir Heilung sein.
Kein Heiland aller Welten, kein Seminar und
kein Schelten, nur durch
freien Willen Dein.

So viele sah ich, freiwillig ins Dunkel geh'n,
wollten nichts, von ihrer Größe seh'n und
fanden des Nektars Freuden viel zu viel. Eine
Biene schlürft den Nektar reich, sind ihr die
andern wahrlich gleich,
Doch wer scheltet die Biene und schimpft sie
Ego? Sei fleißig wie ein Bienchen sehr, voll
beladen voll, an Pollen schwer.
Pollen Deiner Hingabe.

Wo zwei Bienchen, die sich finden, verbinden,
Schmerzen schwinden und wahrlich rauschend
Feste sein. Geteilte Pollen voll an Liebe.
Es werden noch immer Drohnen gesucht,
jene es Vermögen,
den Königinnen Pollen zu reichen.
Einfach nur Liebe

Liebeskeime

Ich bin Liebe!
Pure Liebe, Jetzt und Hier im Wissen ich mich
an Dich schmiege, um Dir nahe zu sein,
in meinem Herzen ich Dich wiege, um klar zu
Sein, in mir.
Dem Sein verfasst, in einem Brief.
Der Brief der Liebe.
Erinnere Dich Kriegerin, Göttin, Dir Kaiserin
zur Ehr, in Leichtigkeit und Frieden,
Du weißt, ich lieb Dich sehr.
Zu lang der Tage tiefster Erniedrigungen sich
zogen und hast Dich dabei selbst belogen, aus
Ego's Plan Kalkül. Vergiss den Plan,
haben wir doch nur das Hier und Jetzt.
Der Morgen ist uns ungewiss der Zukunft,
Zeit zerrinnt, jäh hetzt. Jetzt ist nach Leben zu
streben, werden den Morgen vielleicht nicht
überleben und bereuend schon toten Herzens,
lebendig gestorben zu sein.
Vielleicht wird viel ganz leicht, wenn wir's
über's Leben gelebter Leben Herzen weiter
geben.
Nur im Hier und jetzt ist Liebe. Du darfst Du
sein. Erinnere Dich,
wer Du gestern noch warst.
Dein Heinrich

Erinnerungen an Dich

Noch immer kann ich Dich hörend,
schmeckend, in mir seh'n, muss dazu nur aller
weltlich Ding vergessen,
zutiefst im Fühlen,
in füllend,
fühlend Gefühles Tiefen geh'n.
Sanft, auf satten Blumen's Wiesen Du mich
bettest, als ob Du alle Welten innehättest,
verliere ich mich unverloren in Dir.
Mit Dir durft, ich seh'n, versteh'n, das Grenzen
nur gedacht besteh'n.
Mit Dir war ich Unendlichkeit meines Lebens.
Hab mein Herz für einen Kompromiss
geschändet, hab mein Herz gegen Lügen
Schmerz verpfändet und dabei alles verloren.
Aus tiefster Asche, Phönixgesang,
es laut in meiner inneren Welt erklang.
Das ewige Lied der Liebe. Lange gewahr im
Herzen tief, schon klar, lief der letzten Jahre
vieles schief, bis ich wieder sah, der zeitlosen
Fülle jene in Dir ruht.
Der ewig liebend Unendlichkeit göttlichen
Seins.
Dein Heinrich

Himmelan

Aus den Tiefen des Seins sich Zeilen des Flusses breiten, mich vertiefend, innere Räume sich ausweiten. Bis himmelan mein Herz sich zeigt und sich dem Leben einverleibt.
Getragen an Demut, mystisch Tür sich öffnet, duftend Nektar Süße sich verspricht.
Ja ich komme zu Dir in stiller Nacht.
Dir alles erfüllend voll an Dich, Dein Herz mir so lieb, siegreich getragen beschützt, ich Dich in den Schlaf fein wieg.
Dank Dir Göttin für deinen Segen, hast mir Leben reich gezeigt, mir süßen Sold des Herzens schon gegeben, ehrend sich mein Haupt Dir neigt.
Durch rechtes Dienen gelangt der wahren Mannes Krieger, bis ins Schlafgemach der Königin. Die Königin des Herzens.
Salve Regina
Die Hüterin des Heiligen Gral's, lüstern Tod schon lauert, wenn geschändet,
der Schönheit süßen Tal's.
In tiefer Liebe zu Dir.
Danke, dass ich Dich lieben darf.
Meiner göttlichen Mutter.
Des wahren Königs Knecht und Diener.
Einfach nur Liebe

Schreibfrieden

Im Schreiben tief da find ich Frieden,
mag die Welt sich auch noch so bekriegen,
denn Erkenntnis ich in den Zeilen find,
erinnernd mich, an mein lang vergessen inner
Kind. So manche Zeile gelesen tut auch weh,
mich wiederfinde, erkenne, wo ich wirklich
steh. Eine Theorie gedacht scheint wirklich
schön, doch sinnentleert mein Herz verhöhn.
So schaue ich des Ego's Gedanken mein,
welch lang erzeugt Gedankenpein.
Mich erinnernd, erkennend meiner vielen
Geburten, wie ich an mir selbst Opfer Täter
Opfer war. Durch Deine Entscheidungen
kreierst Du Deine Welt, am besten wie sie Dir
gefällt. Unbändig Kraft der Liebe sich
unendlich breitet, wenn man todesmutig
herzentschlossen seinen Weg beschreitet.
Der verlockende Weg des Herzens,
schmerzlich süß und tief, aus tief gefühlter
Liebe zu Deinem Herz,
schreibe ich Dir diesen Brief.
Dein Heinrich

Wo bist Du?

Wo find ich Dich und meinen Frieden?
So lange hab ich Dich gesucht, hab Dich in
mir wunderschön erdacht. Sah mich denkend,
ich hätt Dich längst gefunden, Du mein
Allesmein. Schmerzlich wund geschunden,
verhöhnt wie ausgelacht, werd ich seinen
Namen laut bekunden, bin aus der Illusionen
Schlaf erwacht. Dann fand ich Dich
unglaublich wirklich, hat alles wie neu
begonnen. Doch wie gewonnen so zerronnen,
kurz Dich gehalten, hat der Tod Dich mir
genommen. Zum tausendfachsten Male.
So ging ich tiefer, folgend angetreten, rollend
Stein, entlang der sich windend Gänge Flure,
fand ich am Ende, Herzens goldnen Schrein.
War bis zur Gänze eingedrungen, des Blickes
erhaschend Deiner Augen sehend, ward
allichsamt verschlungen, und kann am Sein
des Tages Ende, gefülltvoll aus dem Leben
gehen. Der Schrein des eigenen Herzens. So
bin ich heute entschieden Liebe, was immer
ich zuvor auch war und nur durch Ego's in mir
Lenken, unsäglich Leidenvolles ich gebar.
Selbstverantwortung des "freien Willen"
Unsterblichkeit in Gottes Liebe. Dein Heinrich

Yantra Mantra Tantra

Reichste Fülle meines Herzen's Trieb.
Es ist wahr, denn erlebe ich es.
Im geöffneten Herzen ist aller nur erdenklicher
Reichtum zu finden.
Unbezahlbarer Nektar, der dem Selbst
entspringt und so überaus strahlend sich gen
Himmel ringt.
Wenn Yantra-Mantra-Tantra
Einheit finden, ist Sieg des Herzens gewiss.
Wenn Gedanke, Wort und Tat im Einklang
sind, wird aus Vielheit Gleichheit und aller
Überfülle eins in Dir. Von da an beginnt das
wahre Leben.
In Liebe, Dein Heinrich

An alle Frauen der Schöpfung

Da keine von Euch, an Schönheit einer
anderen gleicht, meine Achtung des
Weiblichen von der Erde bis zum Himmel
reicht. Bist seine Liebste, mir Geliebte,
lebenstragend Wunder vor dem Herrn, wie
könnte ich Dich auch nicht verehren.
Süßen Nektar spendend Wonne, trägst mich
Heim, schenkst mir Wärme sanft wie
Frühlingssonne.
Kraft der Erde Mut zum Sieg.
Der göttlichen Mutter. Dein Heinrich

Geständnis

Ins unermesslich weite Leben tief,
schreibe ich diesen Liebesbrief.
Ein Brief zur Erinnerung soll es sein,
gefasst der Worte in schwingend Reim.
Auf das er lieblich,
fein in Dein Ohr Dir dringe und Nektar gleich
denn Freud Dir bringe. Erinnern sollen jene
Zeilen Dich an mich, Dein inneres Kind gar
ewiglich. Du ahnst es schon lange,
Dein fahles Leben, hat's der Herrgott dafür
auch gegeben. Wenn ich mich nur tief besinne,
dann ist Dir freier Wille inne.
Du alleine entscheidest alles.
Ward ich mir meiner Kraft bewusst.
Wahrlich Ekstase schlummert in Dir und mir.
Ich hab mich nie getraut, es zu leben,
wahrlich "Ich" zu sein. Seit dem ich wieder
ehrlich zu mir bin, ist nichts mehr, wie es war,
sondern so, wie ich es immer tief im Herzen
wollte.
OFFEN,
GLÜCKLICH FREI und voll an LIEBE
Dein Heinrich

Lichterglanz

Lebensfülle & Lichterglanz,
lädt ein Dich das Sein zum Freudentanz.
Wenn mystisch Strahlenschein sich offenbart
und Liebe tief sich zum Bewusstsein paart,
wird Frieden Dir zu Teil.
Im weiblich männlichen sich alles verbindet
und Schmerz alsbald gegen Nektar schwindet.
So öffnet eurer Herzen weit und breit, dem
Ego außer Liebe nichts mehr bleibt,
weil deinem Herzen der Sieg gewiss.
Im Herzen finden wir, was wir wirklich sind.
Pure unsterbliche göttliche Liebe inzwischen
trennenden eigenen Gedanken.
Erinnere Dich, wer Du wirklich bist.
Die Stimme deines Herzens.
Dein Heinrich

Brotvermehrung

Danke.
Einfach nur tief gefühlte Dankbarkeit für
dieses, knallvolle Leben.
Herzenergie soweit mein Fühlen reicht und
man staune, je mehr Liebe ich gebe umso
mehr kommt zurück.
So viel Fülle steckt in Deiner Hülle.
Das Herz öffnen und dem inneren Kinde
Hoheit zollen, wirst bald riesengroß, die

Augen rollen, weil Du so viel Liebe bist.
Einfach nur Liebe
Dein Heinrich

Himmelsstrahl

Tief in mir fand ich Dich, wo kaum
Lichtesstrahl an'd Himmelsnacht hinreicht,
um süß des Ego's Selbst zum Sterben
dargebracht, die Angst vorm Tode weicht.
Nektar des Raumes weit mich wiegt, sich
biegt, find ich Platz in Dir, obgleich kann nur
mehr weinen. Um staunend mich ergebend
Dir, Glanzes Fülle Siegeszug, im stillen mit
Dir vereinen. Mystisches Manifest
Demütig getragen zu Dir, bleibt mir nur
"Eins in süßer tödlich Liebe".
Wenn Dein Herz über die Herrschaft Deines
Ego's siegt, dann wirds Dich ereilen.
Unendlichkeit des Seins getragen von Dir.
Ach du mir liebstes inner Kind, hab Dank für
Dich, dass Du mich an mein Herz erinnerst.
Dass ich mich durch Dich sehen darf,
wenn kein Raum mehr trennt,
bin ich bei Dir in mir.
Weil das Wesen der Liebe Freiheit ist, darfst
Du Du sein.
Wenn Du nicht mit Dir verbunden Du sein
darfst, ist's auch keine Liebe.
Angst und Wollen verlieben sich gerne und
zerrend ziehend am Sein.

Liebe ist deine Urnatur und ragt über
Dein und Mein.
Dein Heinrich

Du im Sein

Im Herzen tiefsten mein, find ich jenen
strahlenden Schrein, von Licht und Liebe
vollends wohl getragen, liegt dort vollends
Friedensstein vergraben.
Wenn hast geborgen Dein Schatz,
passt Dein Gefühltes in keinen noch so langen
Satz, müssen doch erst der Worte neu geboren
werden.
Wohlan, hoch zu Ross ich meiner Armeen der
Hingabe send, um Dir schützend, heilig,
ewigweilig Gral zu sein.
Wenn der Egotod zu Lebenszeit mein liebster
Freund mir wird, bleibt am Ende immer nur
Liebe. Erfüllung, des Herzens Ritters rechter
Lohne ist, wenn Hingabe seiner ohne Wollen,
des Weges wie süßlich Blumen säumt.
Er gibt. Wer sich ergibt und hingibt, wird
empfangen. Er füllt. Erfüllt wirst Du sein,
kehrst Du ein in seinen geheiligt
Goldesschrein. Erfahrung Deiner Selbst.
Wenn Dein Herz geläutert ward,
Erläuterung wie von selbst sich offenbart.
Erleuchtung ist?
Wenn ein Armleuchter wie ich erkennt,
dass "Er" leuchtet und wenn ich's fühl, mir

Augen feuchtet.
Wenn mir außer Hingabe an Vergänglichkeit
nichts mehr bleibt, ist süßer Tod in Liebe.
Du bist Liebe und wirst geliebt.

Der Ruf des Vogels

Ja, ich höre dich rufen, schier schon kläglich
schreien und komm sofort Dich suchen,
ganz schnell Dich befreien.
Doch musst Du Kontrolle aufgeben.
Denn zu lange verrate ich Dich schon,
halte ich dich klein, willst mir doch nur mein
Freund mir sein. Du mein eigenes Herz.
Ach Herz mir freut, mein inner Kind,
wenn mit Dir ich wieder Heimat find.
Bist mir Heilung, Friede und Liebe, mit Dir
ich jeden Tod besiege. Die Stimme meines
Herzens. Sobald ich meine eigene
Zufriedenheit und Glückseligkeit
von der Flugbahn des Vogels abhängig mache,
werde ich leiden. Das Ego will immer alles
kontrollieren und sucht verzweifelt
Beständigkeit in der Vergänglichkeit.
Das Ego scheitert kläglich, schafft es nicht und
wird gar schier verrückt, nur das Herz voll
Liebe weiß und ist gar fein entzückt.
Einfach nur Liebe.
Dein Heinrich

Muttererbe der befreiten Kriegerin der Liebe

Kristallin, glasklar und cool zeigte sich mir Liebe. Als ich meinem göttlichen Selbst in Dir begegnete, ward ich`s mir bewusst.
Tief der klare Geist der Mystik sich zeigt und gar übervoll von Fülle, an alt gedachte Grenzen führt, darüber hinaus, direkt nach innen Feuer schürt,
anrührt und eröffnet rein im Herzen sich.

Wenn an Demut und Hingabe zu sterben einzig Lösung bleibt, wird Liebe mir, in mir gewahr.
So tief, eigene Liebe und Schönheit zu sich selbst anrührt, wenn recht geteilt zum innerst Segen mich führt.

So rein und unbeschreiblich schön wenn wir Engel vereinigt fliegen, uns wiegen, mich lieben und erst dadurch Dich in seiner Schöpfung der Unendlichkeiten weit,
mich doch nur selbst trage.
Ertragen war noch gestern.

Heute im Sein des ungeteilten Selbst, ist nur mehr Leben.
Im geheimen verstoßenen Erbe der geheiligten Hure wird`s offenbar, bleibt nichts mehr, wie es war, und Alte Welt,
hell gleich wärmend Feuer brennt.

Erwacht aus dem Schlafe tief Schlange und Puma sich zeigen und Lendens Kraft entspringt nur Frieden.

Wo kein Ziehen und Drücken, gleich am höchsten Punkt beim Schaukeln, ich wahre Liebe bin. Schwerelos im Schwung der Zeit fand ich Dich nach so vielen Leben......doch nur in mir warst immer Du.

Reichtum

Erhabenste Schlösser und Diamanten gleiche Königreiche durfte ich fühlend sehen,

um in Demut all meine gedachten Vorstellungen brennend dem Sein zu übergeben.

Von allem das ich träumte, war die Ahnung darüber, dass es möglich ist, nur der kleine Finger des darauf folgenden unbezahlbaren Wahnsinn, den ich durch "Verbunden Sein"zuweilen fühlen darf.

Ich will motivieren und Dir sagen, dass in Dir, ja nur in Dir, alles liegt, was es zu erreichen gibt. Du bist alles, was Du brauchst.

Wenn Du "Es" gefunden hast,

und noch einen findest,

der sich gefunden hat und ihr teilt in Liebe

"Es" das jeder in sich gefunden hat,

endet alles Streben nach Glück und Du fühlst

Dich zum ersten Mal im Leben, ganz und gar
getragen im Sein.
Wahrer Reichtum des Herzens sich breitet,
sich weitet und jeglich Rahmen der
Begrenzung bricht.
Das Geheimnis des Heiligen Grals bist Du in
Liebe, dann öffnet sich geheimste Tür zur
eigenen Unendlichkeit.
Begegne Deinem Drachen der Angst,
Du wirst ihn besiegen.
Ich glaube an Dich.
Dein Heinrich

Warum

Warum hab ich nur so Angst vor mir, vor mir
und meiner Größe?
Wieso stehe ich nicht für mich ein, obwohl
meine Grenze schon lange überschritten ist?
Warum hab ich nicht den Mut, mir das zu
gönnen,
was ich wirklich möchte.
Warum hab ich mich nicht getraut?
Immer spiele ich das brave Kätzchen, obwohl
eine Löwin in mir steckt.
Meine scheiß Angst vor Kontrollverlust,
obwohl gar nichts sicher und unter Kontrolle
ist.
Nur ich bin kontrolliert und kann ums
Verrecken nicht loslassen.
Ständig versuche ich,
es allen recht zu machen,
nur mir selbst nicht.
Warum bin ich nur Opfer meiner selbst?
Ich hab sie doch nicht alle!
Damit ist jetzt Schluss!
Leckt mich alle mal am Arsch ich mach jetzt
mein eigenes Ding und stehe mal so richtig
Ego nur für mich ein und diene meinem
Herzen.
Wie das auf einmal?
Weil da schon so lange eine Stimme in mir ist,
jene mir flüstert,

dass alles zu erreichen ist,
wenn ich nur selbst an mich glaube.
In Liebe.
Ich glaube an Dich.
Dein Heinrich

Ich bin Du

Aus der tiefen Angst heraus meinen Schatten
zu begegnen, werden sich meiner so sehr
gewünschten Wege nicht ebnen, weil alles
Unterdrückte mich blockiert.

Wenn ich einfach nur vertrau, meinen
vermeintlich so großen Ängsten in die Augen
schau, zeigt sich's, das die Angst ein Lügner
und nicht mal meine ist. Generationen und
Ahnen wirken in mir und hoffen auf mich, auf
das ich, wo ich doch schon weiß, die ganze
alte Kacke nach draußen schmeiß. Alle warten
nur auf mich, auf das ich mich erhebe und für
mich und dadurch fürs Kollektiv einstehe.

Wenn die Seele ihren ursprünglich
angedachten Platz im Weltengeschehen wieder
einnimmt, wird Frieden sich breiten und
Erfüllung höchster Lohn. Bist Du doch ein
Adler und kein Huhn. Bist Du doch Königin
und nicht Aschenputtel. Zu viele Indianer
wollen Häuptling sein. Im Herzen bist alles.
Dein Ego hat nichts. In tiefer Liebe zu Dir.
Ich glaube an Dich.

Für Dein Herz bin ich da, wenn du mich rufst.
Dein Heinrich

Bemühung

Es braucht Bemühung,
ein Wirkliches etwas verändern wollen,
Geduld wie Achtsamkeit, Zuversicht und
Todesmut, um den einst strahlenden und
funkelnden Diamanten des Selbst wieder im
einstigen Glanze strahlen zu lassen.
Doch der Lohn der vermeintlichen
Entbehrungen, wird süßer als alles zuvor,
so kühn erdachte sein. Du wirst geliebt.
Vertrau nur Deinem Herzen.
Ich glaube an Dich und bin Dein bester
Freund, hast in stiller Nacht und heimlich,
Du von mir geträumt. Das in die Freiheit
tiefsten Seins, wir gemeinsam gehen und
Unendlichkeiten weit, uns in die Augen sehen.
Meiner süßen Liebe sei Dir gewiss,
denn schon lange ich Dich vermiss.
Nur in Dir da find ich Frieden, drum werde ich
meine Angst besiegen.
In tiefer Liebe zu Dir.
Dein inneres Kind.

Archetypentreffen

Alles wovon ihr träumt,
gibt es, doch ist dazu euer Herz zu öffnen und
die vier Archetypen zu integrieren. Wahre
Männer braucht das Land. Es sind die
gewordenen Frauen, jene entscheiden, ob Du
einer bist. Medusa wird Dich zerlieben, all ihre
Prüfungen sind zu bestehen, musst dem
Gesang der Sirenen erliegen und wenn kein
Herz gefühlt von dannen gehen.
Die Wolfsfrau und Göttin schillernd reich,
wird sich nur an jenen Mann ganz und gar
verströmen, jener es vermag, den Heiligen
Gral in ihr zu öffnen. Der Schoss einer Frau
lässt sich nicht betrügen.
Du kannst ihren Körper nehmen, doch ihre
Hingabe nicht.
Als Herr Deiner Selbst, an vom Stiefel bis zum
Helme Dein, sind allesamt Teile verbunden,
strahlst in vollem Schein. König-Magier
Krieger-Liebhaber. Durch alle Betten aller
Göttinnen musst Du streifen, nur mit Liebe
kannst ihr Herz erreichen, damit Sie Dich
gehen lassen, aus dem Rad von Geburt und
Tod.
Einfach nur Liebe.

Weltenbrand

Es wird die Welt brennen,
denn das Kollektiv steht im tiefsten Kerne still,
der Herzen Könige lang erkaltet, macht jeder,
was er will.
Wohin wollt ihr rennen, vor dem Höchsten
fliehen, obwohl Dein Herzens quälend
Gewissen, schon lange Dir erschien.
Feuersbrünste, Sturmes Fluten, werden
reinigen das Land und jeder schaut im, stillen
Kämmerlein auf seine Tat gebannt.
Bereuend alles was wir versäumten zu tun.
Karma ist gleich gnadenlos, ob gut ob schlecht
brauchst, fragen bloß, all jenen, die schon viele
lange Leben lebten. Geschichte wiederholt
sich und nur wenige wollen wirklich Wandel
sehen, lieber Jahr um Jahr am immergleichen
Jahrmarkt mit gebrannten Mandeln stehen.
Und tausendfach auf's neue erhallt, schon tot
gehörtes Lied.

Wo sind nur all die Helden hin?
Mit denen ich der Herzen Freiheit wegen,
vor Geburten lang, Seit an Seit auf's Felde
ging.

Charles Darwin hat längst ausgedient und das
Herz schreit nach Liebe, der Zähler hat längst
ausgezählt, folgen zurecht verdiente Hiebe.
Mit roher Gewalt machen wir die Erde

Untertan, der Täter fickt das Opfer und wollen dann noch gemeinsam in den Urlaub fahr'n.
Alle edlen Eide sind gebrochen, dienen dunkler Sicherheiten Reich, wenn der letzte Krug zerbrochen, dann werden alle Knie weich. Kein Titel, kein Ruhm, kein Geld wird Dich an deinem letzten heiligen Tage schützen und kannst nur in dem Maße, wie Dir ist Dein Herz gediehen Dich auf jenes Herze stützen. Tiefen Frieden, Befreiung und Liebe wünsche ich mir, Durchhaltevermögen, Mut und Kraft in dunklen Tagen send ich Dir und mir.
Ich darf Dir sagen, dass Du immer geliebt wirst. Erinnere Dich, der zukünftigen Tagen Dein, wenn Dir nach und nach bewusst wird, der Ahnung lag schon lang im Keim. Die stille Gewissheit deines Herzens, das alles nur eine große Lüge war.
Leben & Sterben
Dies ist Dein Tag.
Wohlan, Held des Herzens.
Dein Heinrich

Flaggenfrage

Eine Zeit wird kommen, in die wir alle geh'n.
Eine Zeit der Entscheidung, unter welcher Flagge wir nun stehen.
Die alte Bastion der Ignoranz fällt.
Die Jagd Deines Herzens hat begonnen,
Bereuen schwer der Einsicht,

der ungenutzten Chancen all zerronnen.
Ich fange an, Wort zu erheben, für Dein
Herzlein tief Dir, magst auch schlecht Du über
mich reden, wird's wirken schon, vertraue mir.
Freiheit und Erkenntnis durch
Feuer des Bewusstseins. Der Selbstwert
wacker, Herzens Feste Burg verteidigt, hat der
Freiheiten liebesstählern Schwert, seinem
König Herzen nur vereidigt.
Kraft der Erde Mut zum Sieg.
Wann werden wir nur ehrlicher? Karma's
Schergen Messer wetzen, wird die Zukunft nur
gefährlicher, wenn hasserfüllte Ego's hetzen.
Wann werd ich endlich wieder ehrlich mit Dir
sein mein Herz? Die Feuer der Erkenntnis
Schalen brennen und Phönix sich aus der
Asche erhebt. Bedingungslos Lieben, aber
nicht bedingungslos. Dein Heinrich

Opferfrieden

Im Opfer sein da find ich Frieden
 und kann mein Schrott auf andere schieben.
Wenn das Unbewusste mich schier zwingt,
und meine eigene Scheiße bis zum Himmel
stinkt, ja dann sage ich einfach, du bist schuld
und steh bewundert als Opfer dann am
Rednerpult.
Och das arme Opferlein, ist ganz hilflos noch
so klein und konnte ja auch gar nichts dafür,
klopft das Karma an die Tür.

Opfer deiner selbst.
Bis aus Lämmern wieder Löwen werden.
Einfach nur Liebe

D-mut

Das D zum Mut geht auf die Tür und heiligst
Gral, der Tore weitet.
Du kannst ihn stürmen, Tür gar brechen
hölzern schwer, doch bleibt der Schatz gar
wohl behütet, denn das Urweib schützt ihn
sehr. Verehrende Hingabe an die göttliche
Mutter, dem Diener wahrlich Segen bringt und
Ego bald im Tode ringt. Wenn missbraucht der
erdig Kundalinis Kraft, resultierend Karma
lästig Kummer Sorgen schafft.
Die geheime Dimension des Yoniversums.

Seleenkluft

Heilung's Tiefe durch Liebe liegt in der Luft,
überbrückt jedwed unüberwindbar größte
Kluft, die inzwischen Seele und dem Körper
liegt. Glück auf,
ruft es aus des Herzens Stollen und erklingt
wie schönstes Lied.
Einigkeit was lang verschollen, dass einst aus
dem Leben schied.
- Kundalini -
Übersprudelnde Fülle, sich des heiligen
Raum's "Er" gießt, durch fließend,
weiblich Nektarreich, Bewusstseins Same

sprießt. Endlich still durch nichts mehr wollen,
kannt's dem innern Kind sein Hoheit zollen.
Alles ist Fülle,
des Ego's Tod darin unendlich weich,
sind im reinsten ewig Sein in Dir
gar aller Herzen gleich.
Als ich die Freude des Lebens in mir
wiederfand, am eigenen Leib zu lieben,
magst sein Du auch im Widerstand,
hats mein Herz für Deins geschrieben.
Zum Erinnern, "Er" im Innern
Einfach nur Liebe

Neid

An Neid und Missgunst krankt die Welt,
getötet wird schnell ein wahrer Held.
Je heller Dir Dein eigen Lichtlein strahlt, der
Strahler ganz schnell Zeche zahlt. Aufgehetzt
der unwissenden Schafe, erstochen rücklings
im friedlich Schlafe, weil eigen Ego Interesse
den Hetzer motiviert die Welt aus mangelnder
Bewusstseins Liebe, still und leis krepiert.
Hauptsache das Ansehen nach Außen bleibt
gewahrt, auch wenn für alten Fetisch, eine
Göttin im Herzen, sich mit einem Ochsen
paart. Nur um rein zupassen ins falsche Spiel.
Wenn nur ein bisschen schöner "Es" aus
Deinem Herzen scheint, hörst längst vertrauter
Rufe Dir, Ego's Welt sich gegen dich vereint.
Wie oft hab ich Verurteilung geübt, ohne

Sachverhalt im Herzen zu erfragen, und kam durch meiner folgend Scham, dann selber ins Verzagen. Getriggertes Ego ist zu allem fähig, oft gar zum Töten bereit, wehe dem Messias Wahrheit Wort, laut hetzt der Mob, wie rasend schreit. Zuerst macht Dich die Wahrheit fertig, dann warst endlich frei. Sei Dir gewiss, das je mehr Du von Herzen wahrlich liebst, sie am Ende Dich verraten werden, Du gepflegt eins auf die Fresse kriegst. Wer wird gewinnen? Herz oder Ego?
Dein Heinrich

Vereinigung

Archetypen Deiner gleichgestellt, Königin, Magierin, Kriegerin, Geliebte, vereinigt Euch, ganz einig tief in Dir.
Nur dort kannst Du deinen Selbstwert sehen, wirst Göttin Du im Wir.
Du bist ich und ich bin Du, keiner ist verschieden, bist tief in deinem Herzelein nur ängstlich klein geblieben.
Wenn Du mutig deine Schwingen breitest, erkennt der Adler, er ist kein Huhn, was sollst tief auch in der Versenkung warten, könntest längst was tun. Drum erinnere Dich, immer wenn Wasser Deine Haut berührt, das nur Dein Selbstwert Dich befreit und Dich nachhause führt. Im alles schon haben, nur wirst Frieden finden, an Kundalini Dich labend endlich Druck und Schmerzen

schwinden.

Durch freie Kundalini wirst Deiner Urnatur
gerecht, verzehrend Ego's sinnlos
Angstgeflecht.

Du bist alles, was du brauchst und noch sehr
viel mehr,

im alles schon haben Deines Schosses Dein,
 lieb ich Dich so sehr.

Wenn eine Hülle voll Fülle auf eine andere
ihresgleichen trifft, wird's göttlich und
Zeitlosigkeit den Raum bestimmt.

Du bist eingeladen,

Deiner eigenen Unendlichkeiten Du zu sein.

Dein Heinrich

Sehnsucht

Ganz tief in Dir wirst Du mich finden,
bin in deinen Wünschen, Träumen und
Sehnsüchten Zuhause, werd mich an deine
Fersen binden, an jedem Tag gar ein Tag aus.
Zuweilen hörst mein Rufen,
wenn Du allein und still es wird in Dir,
in Fantasien wir glitzernd Schlösser bauten,
doch leider warst real nie hier.
Unbekannte, nie erlebte Vertrautheit hab ich
mit Dir gespürt, die Brücke zum eigenen
Seelengrale, durch Dein eigen Herz nur führt.
Liebe machen, Liebe sein, alles andre ist Ego's
Seelenpein.
Was rührt in Dir an, was bewegt dein Herz,
hast wohl noch nicht die Schnauze voll, von
all dem leidig Schmerz? Was wollt Dein Herz
nochmal? Gefangen in Angst und Wollen
zieh'n der Lebenstage an mir vorbei und
flüstern leise Sehnsucht in mein Ohr, von
Liebe und Ekstase Raserei.
Sehnsucht. Mögest Du ohne zu Bereuen dem
Tod in Auge blicken. Lass es nicht soweit
kommen. Sei es Dir wert.
In Liebe.
Dein Heinrich

Göttinnenschlaf

In der Tiefe Deines Schoßes
schlummert alles verschlingende Kraft.
Wenn Du Kundalini lässt unendlich fließen,
offen Dir die Freiheit klafft, wie auch mächtig
Feinde schafft.
Die Kraft Deiner unbändigen Kriegerin.
Die Kriegerin hat Ihre Angst vor der Angst
besiegt gleich ohne lästig Zweifel,
Sie sich in Ihrem Herzen wiegt.
Du bist alles, was du brauchst.
Es ist die Kriegerin Deines Selbstwertes,
jene der Königin im Herzen dient,
siegessicher, kampfbereit,
Arm & Bein sich schient.
Wenn Du Deinen Raum Dir wahrst,
bleibt unendlich Kraft Dir im großen Stil,
wenn Du Deine Göttin aus Deinem Herz
gebarst,
auch Gott es sehr gefiel.
Du armes Selbstwert Opfer Aschenputtel,
wann erhebst Du Dich aus Deiner eigenen
Schmach.
Dein Prinz wird nicht kommen!
Du musst selbst für Dich einstehen.
"Du darfst Du Sein"
In Liebe.
Dein Heinrich

Wann?

Wann nur wann?
Bist Du bereit für Dich und Deine gefühlte
Wahrheit einzustehen? Wann nur wann?
Bist Du bereit, in Dein eigenes Leben zu
gehen? Wann kommt die Zeit, in der Du
endlich sagst, was Du wirklich denkst?
Wann ist der Moment, in dem Du Kontrolle
aufgibst und nicht mehr Ego's Wege lenkst?
Wann kommt der Tag? Dann irgendwann sagst
Du! Morgen ist schon tot und weil Du es
weißt, herrscht große Not.
Wann wird es sein, dass Du es Dir erlaubst
großartig zu sein und die gespielte Rolle des
Opfers Deiner selbst aufgibst?
Ich glaube an mich und Dich,
könntest du auch sagen, doch müsstest Du
dafür DICH in Deine eigene Größe wagen,
jene alles Gedachte in Asche legt.
Du weißt es!
Ich glaub Dir Deine Spielchen nicht,
nimmt bei Zeit Dich Dein Gewissen,
maaslos ängstlich in die Pflicht.
Dies ist Dein Tag.

Ich glaube an Dich.
In Liebe.

Gottvergeben

Danke, sag ich Gott gegeben
und vertrau in seine Gnade tief.
Es scheint mir, bevor ich Kundalini hab
gekannt, ich vor Trägheit müde schlief.
Im "Es" sich erlauben liegt wahrlich Segen,
kannst Dich nur durch die Entscheidung Dein,
mit Deinem tiefsten Sein verweben.
Ekstase purer süßer Liebe, rührt an voll Glanz
in Dir, gewünscht so oft in Traumes Nacht,
gewünscht aus Du wird wir.
Alles ruht in sich.
Kraft durch Wandel begrüßt den Tod,
wo Stillstand stiller Herzen herrscht, folgt
alsbald große Not.
Dein Herz ruft Dich.
Sei wie der Fluss im freien Strom, kennt
Grenzen nicht, umspült sie schon,
beständig dem Ozean entgegen.

Dein Herz ist göttlich,
sag ich Dir.
Dein Heinrich

In tiefer Liebe

In tiefer Liebe zu Dir
schreibe ich Dir diese Zeilen.
In tiefer Liebe zu Dir
kannst Du in meinem Herzen weilen.
In tiefer Liebe zu Dir
wird das Rad von Geburt und Tod stillstehen,
ich mit meiner leidenschaftlichen Liebe,
in die Tugend gehen.
In tiefer Liebe zu Dir
reiß ich der hohen Mauern meiner
Begrenzungen nieder,
sonst steh ich nach vielen Geburten Tode lang
am gleichen Punkt schon wieder.
In tiefer Liebe zu Dir
bau ich der höchsten
Türme Schloss Dein Sein,
schreib ich Dir weiter Liebesbriefe,
mögest strahlen im
Herzenschein.
Danke, dass ich Dich lieben darf.
Dein Heinrich

Zum Dechiffrieren

Die Zeit ist reif und der Tore offen, unendlich
weit, gar wohl getroffen, das Göttliche sichtbar
strahlt. Wer nun empfängt, wird wahrlich reich
gesegnet, wer freiwillig sein Ego hängt, sich
leicht der Weg ebnet, zum Heiligen Gral in

sich. Der Weg ist gezeigt und schenkt sich findig Suchern, die Karte liegt bereit, drum auf zu neuen Ufern. An runden Tafeln im Archetypen Gral wir uns finden, letzte verlorene Teile sich verbinden und Frieden so weit das Auge reicht. Die Hürde wurde genommen und Fluss der Mutter fließt, wer sich ohne Angst vom Strom zerreißen lässt, nun wahrlich ruhmreich siegt. So richte Dich aus und visiere höchstes Ziel, wer keine scheu vor Kundalini hat, ist mit im großen Spiel.

Bewusstsein durch Kraft
Kraft durch Bewusstsein
Frau-Mann Yin-Yang Erde-Himmel
Ego Ficker-Heilige Hure
Sonne-Mond.
Alles ist eins in Dir. Verbinde Dich.
Einfach nur Liebe

Liebeslied

Das Verhängnisvolle an der Liebe ist, dass man Sie weder sieht noch riecht, so in stiller leiser Nacht geheim, in jede kleinste Ritze kriecht. Sie nistet sich ein und macht sich dort breit, sich denkt, von Fuß zum Herz ist's eh nicht weit.

Wie ein lästiges Ding hängt's dem Ego nun im Nacken, kann das Ego nicht mal mehr in Ruhe kacken, denn immer nun sitzt die Liebe ihm zur Seite, ob tief im Suff oder auf Wiesen's

Weite. Und ist die ganze Scheiße aus dem
Hirne erstmal raus, sieht's gleich nach viel
mehr Sonne aus und freudig trällert Herz sein
Lied. Ach wie konnt ich Dich nur vergessen,
war verblendet gar vermessen, hab mich die
ganze Zeit nur selbst betrogen.
Nun strahlt das Selbst in seiner Urnatur,
hat losgelassen alten Schwur, jener ward von
Trägheit tief beseelt.
Deine Zeit der Herrschaft Ego ist vorbei,
erhebe ich Wort und mach mich frei, dass nur
Du mehr König aller Herzen bist.
Dem Fels in meinem Leben.
Gott zu Gruß.

Unbändigkeit

Tief im inneren Deiner selbst ist Sie da,
schlummert ungezähmtes Liebesbiest.
Du findest Sie in Deinen Träumen und
Fantasien, fühlst und liebst Sie, verzehrst Dich
vor Begehren und Sehnsucht nach Ihr. Die
wilde, freie Frau in Dir. Alles verzehrend ihr
Verlangen ist und ungebändigt tief ihr
Selbstvertrauen. Die Diva und ganzes Weib in
Deinen Hüften schlummern und voll Kraft
voran Sie schreitet. Sie ist wahrlich
emanzipiert im Herzen! Des Neides Missgunst
gen eigene Schwestern längst Vergangenheit
sind, denn hat Sie erkannt, dass es nur den
Einen für Sie gibt. Dem einen König der

Könige Gott zu dienen, als einzig höchstes
Ziel. Hand in Hand der Schwestern Bund
durch fühlbar Ehrlichkeit verbunden.
Rrrraaauuu, die Katze wird zum Leben neu
erweckt und genüsslich Fell und Krallen leckt.
Unersättlich dessen was Herzen Freude bringt,
Sie selbstbewusst ihr Liedlein singt.
Lieben kann Sie tödlich süß und dabei recht
noch Gott gegrüßt. Freiheit-Freiheit ihrer
Hüften wird Sie jed geheim Geheimnis lüften,
denn Ihr lodernder Sex gar alles verzehrt.
Tausende Male hab ich Sie gejagt, verbrannt,
und hab mich doch nur vor Karma's Karren
selbst gespannt.
Das Feuer im Schöpfungsschoße Dein,
wird Dir helfen verbunden auf dem Weg zu
sein. Folge immer nur der Kraft von
Kundalini. Wolfsfrau frei ich rufe Dich,
komm, fahre ein gar tief in Dich.
Du Heldin Deiner Fantasien, sei es Dir wert,
alles Gedachte wahr werden zu lassen.
Vertrau Deiner
Königin
Magierin
Geliebten
Kriegerin
Wohlan geh voran, ich weiß um Deine Kraft,
leg des Ego's Waffen nieder,
trink eigen Nektars reinen Saft,
schreib ich Dir Hymnen's Lieder.

Königin Kundalini
In Deinem Herzen bist Du alles,
was Du brauchst, die Entscheidung bringt den
Sieg.
Sei es Dir wert ich hab dich lieb,
drum ich diese Zeilen schrieb.
Einfach nur Liebe.

Tief in Dir

Tief in Dir schlummert Dein Segen,
jener gefunden werden will.
Es ist Dein einig Königreich in Dir.
Im Schoße Deines Seins alles nur erdenklich
Süße ruht, so lang schon wartet, Dein eigen
reines Herz. Im tiefsten Schoße Deiner
wird Ego immer kleiner, wo Archetypen lang
schon ruh'n. Erwecke die Kriegerin in Dir, um
die "Königin Dein Herzen" zu befreien.
Deine Intuition kennt den Weg.
Die Geliebte, alles magisch in sich vereint,
sinnlich schönsten Ausdruck bilden, wenn
Kundalini wird nicht verneint.
In Dir, nur in Dir wirst Du "Es" finden.
Nur eine Entscheidung weit,
liegt Dein neues Leben von Dir entfernt,
Deine Entscheidung entzweit und süße Frucht
entkernt.
Erinnere Dich, wie schön Du bist,
das "Er" im Inneren ist. In Liebe. Dein
Heinrich

Texte aus einer anderen Welt

Mögen die mystischen Sucher es verstehen.

Wo sind jene Helden und Krieger,
Könige und Weißen geblieben,
die einst so toll gar voll
der offen Herzen wahrlich liebten?
Wo sind die Männer,
jene die höchsten Höhlen im tiefen Selbst
hinabgeklommen,
 um dort des eignen Drachen bändigend Herr
zu werden?
Wo versteckt Dein Ego sich?
Warst Du doch der einstige Bezwinger der
Hydra oder?
Ein so gigantisch großer Mann an Hüne wie
Du, von einer kleinen Lüge niedergestreckt.
Das trojanische Pferd des Ego's im Selbst ward
entdeckt, haben zurückerobert des eigen
freiestes Land im Herzen.
Wo sind die Krieger der Medusa, jene es
vermochten, die Göttin nackt ohne Waffen mit
Liebe milde zu stimmen, auf das der ewige
Zwist nun ruhe?
Drachenbändiger und Löwenreiter vereinigt
Euch, möge töten jeder wohl größten Feind in
sich.
Unter des einen Flagge nur mag ich reiten,
nur für ihn,
in jedwed herzgerechter Sache darf ich

86

streiten.

Einzig Herz der wahre Führer ist in dieser Welt, trägt Befreiung als höchstes Ziel.

Drum Fühlen das Wichtigste ist.

Die fühlenden Frauen fühlen den Mann, erwählen ihn und gebären ihn durch Kundalini neu. Verbundenen Göttinnen Wegweiser sind und wandeln mitten unter uns.

Damit Sie sich zeigen, vollendet Dir ergeben sind, braucht's der Archetypen alle vier und im Herz, der Türe Tore Schlüssel find.

Wer mystisch Rätsel des Seins rein in seinem Herz entbindet, mir nichts Dir nichts schon geschehen, im lang gesuchten Gral verschwindet.

Sicher wird die unendliche Kraft der wilden Frau Dir alle Sinne rauben, wirst neu geboren, kannst alles Ego Gedachte nicht mehr glauben. Alle Deine Wünsche, Träume und Sehnsüchte Deines Herzens werden Erfüllung finden, wenn Dich wirst an Gottes Liebe binden.

Besiege ich die Angst, des kleinen Jungen in mir, gehts geführt voran hoch, mitten durch seine Tür. Nur eine Kundalini Göttin kann einem Mann das
wahre Leben schenken, doch musst als ganzer Manne Du, Dein Herz in Ihres Feuer lenken.

Wenn Du Held und Hüne bereit bist und dunkelst Mutter, angstfrei liebst, wird wahrer

Segen mit Dir sein, wenn Du Sie liebend wiegst.

Kraft der Erde Mut zum Sieg.
In Liebe,
ich Dir diese Zeilen schrieb.
Der Mutter zur Ehre.
Dein Heinrich

Was ich dachte

Alles was wir dachten und meinten, sollten und wollten, hat sich im Rausch der Zeit verloren, verfroren Trägheits Kälte des Waldes Lichtung friert.
Eisig der Wind durch die Ritzen der Herzen zieht, denn nur wenige tief ihr Feuer ehren,
ausgedrückt durch Wohlgebärden und stilles Lied der Freiheit überm Lande liegt.
Zerfressen von Neid und Missgunst die Maschinen Menschen sind, lange schon verloren, lang ersehntes inneres Kind.
Ruinen der Welt mögen es bezeugen,
wie Freie sich vor Egos beugen, für ein wenig Geld und Sicherheiten Lug und Trug,
bekommend gierig Ego nie genug.
Der Traum von Liebe ewig spaltet,
wenn nicht das Herz ward herzgerecht gestaltet, in seinem Wirken täglich Sein,
voll an strahlend Glanz und Sonnenschein.
So unendlich groß die Angst vor Liebe ist,
weil Sie gar schnell gar alles frisst,

von dem was ich dachte das es "Echt und Recht" sei. Ewig das Lied der Erkenntnis durch die Gezeiten dringt und still und leis ihr Liedlein singt, von der Auflösung aller Dinge.
Wohlan geh voran an kühne bewusste Seele Dein, erstrahle hell durch seinen Schein,
denn nicht der Identifikationen Hüllen Du bist, nimmst dem Tod so seine Frist.
Zum Heil der Welt dies Gedicht gereicht,
Ego zerschellt in seinem Hort sogleich, wo dunkler Ideen von "König Ego" tief still ruhten.
Wo kommen all der Wörter her, so Wörter viel wie All und Meer, um Dich zu führen,
in Deines Reiches Herzen Tiefe, schreib ich Dir weiter Liebesbriefe. Vom ewigen Lied der Freiheit. Freiheit von Geburt und Tod,
wer dies versteht, der bringt ins Lot, wo Balance der Liebe nicht war, wo Leben seinen Schmerz gebar.
Wachse, wachse, wachse Bewusstsein Dein, wie könntest Du auch schöner sein,
wenn in Deiner Fülle Du ganz bist.
Atme, atme, atme Liebe, die Du bist und schöner, Deiner reicher Schönheit strahlt.
Du wirst geliebt, ganz egal was ist. Gott lässt nie allein. Trotze dem Kampf der trägen Masse in Dir und verwechsel die Wahrheit nicht mit der Mehrheit.
Du bist alles, was Du brauchst und wirst alles

schaffen, an das Du glaubst und wirklich willst.
Ich glaube an Dich.
Dein Heinrich

Liebestod

Es tötet die Liebe mit Liebe,
um Dir alle vermeintliche Süße zu zerschlagen, denn bist nur Du die Süße allen Seins. Wenn die Liebe fein Dir sanft
ungeküsster Lippen Dein berührt und alles tief des himmelsgleich in Dir anrührt, weil ersehnter tödlich Kuss, Deiner Wangen weich Dir glättet. Nicht von dieser Welt aber in Dir, nur dort kannst du's erfahren,
das ganzer Königreiche in Deiner Brust Dir ruhen.
Golden tausendblättrig Lotus sich in Deinem Herzen zeigt, wenn oberst Scheitel sich demutsvoll bis zur Wurzel neigt.
Wenn an einem Strange, sich Deiner Körper Zentren reihen,
Herzens Reinheit wird Dir Schwung verleihen, wenn erhaben sich Königin Kundalini zeigt.
Kraft der Lenden in Deinem Schoß,
zu recht geführt wirst RIESENGROß,
an Kraft der Schöpfung über jene wir verfügen.
Der schmale Grat, er ist zu meistern,

führt vorbei an Deinen dunklen Geistern,
doch unbeirrt bleibt fühlend Finder.

Der Gral im Selbst nur ist zu finden,
brauchst Dich an keinen Guru binden,
denn einzig was es braucht,
bist Du.

Einer wahren Liebesgöttin musst begegnen,
wird durch rechtes Dienen Deiner,
Erkenntnis wird es regnen.

Dem einen sein reines Sein.
Dem anderen seinen fahlen Schein.
Ganz wie jeder selbst denn mag.
Beende Dein jähes Wehklagen,
kann's Dein Herz nicht mehr hören,
warst zu lange beim scheinheiligen Päpste
beschwören und hast Dich doch nur selbst
verkauft.
Für drei silbrig Judas Münzen abgedroschen,
ist dabei Dir Dein Herz erloschen,
hast mich Dein Herz gleich mitverhökert.
Hebe sich Dein Ego zwei Judas Münzen
für den Fährmann auf,
am letzten Tage aller Tage Dein.
Sei bereit, jeden Moment in Liebe zu sterben.
"Ohne Bereuen sei dein Tod". Einfach nur
Liebe. Dein Heinrich

Stille in Dir

Wenn es denn ganz stille wird, kannst Du,
bis in Dein Herz wohl geh'n und in der Stille
wohl gebar, kannst Du nur Deine Wahrheit
sehen.
Wer mit sich im Frieden ist, jener ist wohl
wahrlich reich, wer zu Lebzeit aus der Welt
geschieden ist, jener tut es nur den Weisen
gleich.
Ganz mit Dir allein, will Dein Herz nur
glücklich sein und findet Erfüllung nur in sich.
Wenn ein Zweites ebenbürtig Dir dazugesellt,
vom Höchsten Dir zur Seit gestellt, kann
Überfülle sich in Raum ergießen, wo es Dich
berührt werden Blumen sprießen.

Die Scheu der Menschen vor Blumen Herzens
Liebe ist so groß, aber ungeliebter Liebe
Heirat, schwängert so oft lieblos Schoss.
Wenn den Weg des Herzens konsequent Du
gehst, nicht mehr weiter Ego's sinnlos Kreise
drehst, dann stehst alleine auf dem Feld,
getötet wird, wer aus der Normen Rahmen
fällt.
So habe ich die Tage von neuen Stimmen oft
vernommen, bin schier geschockt, ja fast
benommen, wie degeneriert und weit entfernt
vom Herz der heutige Mensch leider ist.

Das Märchen vom versteinerten Herzen ist

aktueller denn je, weil ich's in der meisten
Menschen Augen seh.
Sie sagen den Kindern,
Du musst alles schlucken, was da kommt,
den Arsch zusammen kneifen,
schön verkrampft die Zähne zusammen beißen
und Klappe halten aber prompt.
Und Du Weib halt endlich still, mach die
Beine breit, will Dich ficken, wie ich will.
Nun Sie die Alte, dumm wie Fensterkit, tut's
auch noch und macht noch mit.
Opfer und Täter sich suchen, um sich
gegenseitig zu verfluchen.
Inkonsequenz des Herzens birgt verheerende
Konsequenzen.
Wer im Sterbebett zuletzt noch lacht,
weil er auf sein Herz gehört, hat's recht
gemacht. Wahrlich gut Lachen, über ein
erfülltes volles Leben. Der Weg des Herzens
Dein, wirst anders Du
nie glücklich sein.
Dein Heinrich

Zeitenwandel

Zeiten um Zeiten wird alles im Wandel
vergehen, und unersättlich Ego enttäuscht,
verbittert vor dem Leeren stehen.
Ganz entstellt das eigen Spiegelbild, des Ego's
Sandburg zerfällt, trotz Einsamkeit des
Herzens nicht gewillt.
Wenn der Plan des Gedachten scheitert, Dein
Herz, Dich vermeintlich liebenden Nächsten
nicht vertraut, ja dann ist's scheiße, hast Dein
Leben Dir verbaut.
Eines Tages wird es sich rächen, denn tatenlos
schauten wir zu. Eines Tages zahlen wir die
Zechen, denn schuld daran bist Du,
spricht Dein Herz zu Deinem Ego.
So viele Jahre ist es her, dass wir einander
liebten, von allen Himmeln, die ich kannte,
war ich mit Dir im siebten.
Einfach nur Liebe

Ignoranz

Für Ignoranz und Dummheit,
wirkt jegliches höhere Wissen,
mag es auch noch so liebevoll oder absichtslos
dahin gestellt sein von oben herab.
Dummheit und Stolz wachsen auf gleichem
Holz.
Das Ego mag kein Licht von oben,
denn würde Gollum ja sein Spiegelbild sehen.

Wehe dem der den Stein der Erkenntnis
auch nur zufällig findet,
Verachtung und Ausgrenzung,
Neid und Missgunst werden ihm zu Teil.
In Liebe.

Verbogen

Du kannst dich noch so sehr verbiegen,
drücken, ziehen und schieben, am Ende unsrer
Tage zählt nur eins, denn Göttin wird fragen:
Hast du gelernt zu lieben?
Wohin willst Du mit Deinem Ego fliehen,
wenn alles "Seins zum Niederknien" ?
Haben vor lauter weltlich Ding und Kleinsein
vergessen, gegen Windmühlen kämpfend,
waren wir schier ganz versessen, auf
Vergänglichkeiten Kurzweil Ding.
Wenn wir unsern Blick erheben, ist alles da,
von Gott uns gegeben, doch so wenige nur
machen angstfrei, tiefest tief ihr Herzlein auf.
»Tötet jeden der Freude und Liebe hat«,
befahl König Ego seinen Schergen, denn war
es unerträglich für ihn, sein eigenes freudloses
Bild zu sehen, hörte ich so manchen denkend.
Das Ego selbst wird seiner Wege lenken, dem
Abgrund tief entgegen, während Herzen süße
Liebe schenken, kämpfend gar verwegen.
Steht nun auf, und gehe Dein Antlitz schauen,
sollest auf offenen Herzen nur, Deine

Freundschaft bauen. Sei ehrlich mit Dir, und bringe Selbst und Fremdwahrnehmung in Einklang.

Erst wenn ich weiß, wo ich stehe, kann ich entscheiden, wohin ich geh.

Was ich so viel denke, ist alles lachhaft nichtig klein, getreues Herz Du mir zur Seite mehr als wichtig und fein. So Schild und Schutze wir aneinander bieten, ein Schild aus Gold und Liebesnieten, einander zum Besten des Herzens führend.

Wohlan Liebe, Freiheit, Wahrhaftigkeit
Schläferzellen formiert Euch, öffnet sich das Herz bereit, des Schäfers Hunde bellen, Mordent Ego's Wölfe sind nicht weit. Ihr letzten verbliebenen Überlebenden mit höheren Zielen, führt an eurer liebend Heere, denn geht bald auf die Riesenschere, trennend alles was nicht echt.

Jeder hat alle Chancen, du magst dich nur entscheiden.

Kopf oder Herz
Sicherheit oder Freiheit
Quantität oder Qualität
Angst oder Mut
Über allem thronend Liebe und freier Wille.
Einfach nur Liebe

Früchte vom sündigen Baum der Erkenntnis.

Erst durch mich, mein eigenes offenes Herz,
kann ich nur vollends bei Dir sein.
Herz verschlossen klein, bleibt so alles kalt gar
hart wie Stein, Schöpfung's Süße sich entzieht.
In Deinem Strome wild zu treiben, ohne
Kontrolle mich Dir einverleiben, in Deiner
weiten Schönheiten Reich. In Deinem Feuer
ewig stehen, wird Welt um Welt und Zeit
vergehen, bis Erkenntnis Dich ereilt.
Mein Egoklein ist tief in Dir verglüht und sanft
der Wiesenfelder die Liebesblum nun blüht.
In der Liebe Unendlichkeiten Räume,
wird mir es wohl gewahr,
gedachter Träume waren Schäume und
Schmerz sich nur gebar.
Nur einmal Deiner Lippen hauchzart nur
berührt, Zeilen sich in Raum ergießen,
nur kurz von Dir geführt.
Ganze Königreiche strahlen'd Herzen's,
durfte ich durch Dich fühlend sehen und kann
getrost aus dieser Welt, nun von dannen gehen.
Strahlend im Sein.
Dein Heinrich

Fragespiel

Warst Du heute ehrlich mit Dir?
Fragt das Gewissen!
Warst Du heute ehrlich mit mir?
Fragt Dein Herz!
Hast Du Dir heute Gutes getan und bist für
deine Wahrheit eingestanden?
Fragt der Selbstwert!
Hast Du heute Dein selbst gestelltes
Programm eingehalten?
Fragt die Hüfte!
Hast du endlich die Scheidungspapiere
unterschrieben?
Fragt Deine neue einzige "Ware Liebe"
Machst Du heute früher Feierabend?
Fragt Deine längst vergessene Liebe.
Hast du Deinen Schuldigern schon verziehen,
bevor Du mich um Verzeihung bittest?
Fragt Gott das Ego!
Wann endlich finden wir nen zweiten Mann
für einen tantrischen Raum?
Fragen Josefine und Heinrich!
Was ist der Sinn, wenn es sinnfrei ist?
Fragt die Logik!
Was ist es für eine Bildung, wenn alles Herz
vor die Hunde geht?
Fragt die Vernunft!
Magst Du noch mehr leiden, ich gebe es Dir?
Fragt der Täter das Opfer!
Bitte gib mir mehr, sagt das arme Opfer zum

Täter.
Welche Tabletten wollen Sie?
Fragt mich mein Arzt!
Was machst Du gerade?
Fragt Facebook?
Glauben die Menschen wirklich jede Scheiße,
geschweige denn ihr eigenes Wort?
Fragt sich der gesunde Menschenverstand!
Wann wird Er sterben?
Fragt sich mein Bestatter!
Wann wirst Du DEIN Leben ändern?
Fragt Dein inneres Kind.
Einfach nur Liebe
Dein Heinrich

Am besten finde ich!

Wenn selbstbetrogene Selbstbetrüger mir
darüber klagen, dass Sie von einem sich selbst
betrügenden Selbstbetrüger selbst betrogen
wurden, obwohl Sie wussten, das Sie sich
dabei selbst betrügen und als selbstbetrogene
Selbstbetrüger andere selbstbetrogene
Selbstbetrüger des selbstbetrügerischen
Betruges bezichtigen. Vor Gericht richtet dann
ein sich selbst betrügender Selbstbetrüger im
Amt eines Richters über den vom
selbstbetrogenen Selbstbetrüger betrogenen
Selbstbetrüger über den Betrug im
Selbstbetrug.
Auf sich selbst betrügen folgen Rügen.

Aber nicht auf Rügen,
wohl eher in tiefer Depression.
Selbstverantwortung
Einfach nur Liebe

Ganz Du

Im ganz Du Sein nur findest Frieden, nur im
ganz Du Sein sind wir nicht verschiedenen.
Verschieden sind die meisten im Leben schon,
drum erhebe Dich aus Ego's Tiefen, Spott und
Hohn. Trau Dich Du zu Sein.
Wohin will Dein Ego fliehen?
Wenn Dein eigennütziges Ego klein, wird
winselnd vor dem Höchsten knien.
Dein Herz Dich erinnert,
das Du doch Du bist.
Die Ideen von Anderen trug ich lange in mir,
mit Ideen von andern stand ich vor Deiner Tür,
doch ging sie nicht auf, weil ich nicht
authentisch war.
Göttlichkeit ja wohnt uns inne, auch wenn Du
meinst, dass ich jetzt spinne, bleibt am Ende
doch nur nur eins. Wenn in göttlicher Liebe
wohl wissend des Königs Schwert nach innen
geführt, es tief im Drinnen das Herz berührt.
Doch mystisch verschlossen der Heilige Gral
im Felsen ruht und süßer Nektar sich nur
reinen, sich hingebenden Herzen ergießt.
Gott und Göttin. Kundalini.

Sorgenlos Vertrauen

Sorge dich nicht um mich, denn um sich selbst kümmern ist Selbstliebe. Aus Selbstliebe durch Einklang entspringt Selbstvertrauen, denn würde ich keinem vertrauen, der sich selbst nicht liebt. Wer sich selbst liebt, liebt auch andere und bekommt dadurch Liebe und Vertrauen. Wer Liebe und Vertrauen bekommt, hat Liebe und Vertrauen und kann darauf vertrauen, das er liebt, denn würde er sonst keine Liebe und Vertrauen bekommen. Wer sich selbst kennt, hat Selbsterkenntnis und kann sich selbst vertrauen, weil andere ihm wegen seines Selbstvertrauen vertrauen, ihn lieben wie er ist, weil er darauf vertraut, dass er immer geliebt wird, weil er liebt.

Selbstliebe-Selbstwert
Selbstvertrauen-Selbstverantwortung
Selbstständig. Nur mehr das Beste wert sein. Das Beste ist am Ende immer das Göttliche. Wenn Du das alles erreicht hast, dreht es sich um und alle Welt verbündet sich auf einmal gegen Dich.

Dein Vertrauen wird geprüft, ob Du standhaft bist in Deiner Liebe und Selbstvertrauen.

Der Mensch tötet was "Er" liebt. Dein Heinrich

Erfolge

"Er" folge mir.

"Gott folge mir".

Erfolg ist nur dauerhaft ohne unerwünschte karmische Nebenwirkungen möglich,

wenn "Er" folgt.

Was nützt der Ruhm dem Herzen, wenn "Er" nicht folgt?

Im Bett beim Liebesspiel bekleckern sich die wenigsten mit Ruhm, von Erfolg keine Spur.

Nur im Bett beim Liebesspiel zeigt sich, wer wirklich "Er folge reich"

ist. Welches freie Herz ist schon gerne ein reicher Geschäftsmann und erfolgloser Liebhaber?

Wohin soll Gott Dir folgen, wenn Dein Herz zu ist?

Die Taten der Männer in den Betten der Frauen, sind nicht von Erfolg gekrönt.

Der Liebesakt ist ein Gottesdienst.

Hast Du die Göttin schlecht gefickt,

Deines Ego's Nacken ganz schnell knickt. Sei es Dir wert, kein Erfolglooser Liebhaber zu sein.

Einfach nur Liebe. Dein Heinrich

Über die Freundschaft.

Aus all der Jahre Offenheit, von Hunderten Menschen, die ich traf, ist nur eine wahre Freundschaft mir geblieben, drum erfüllt mich tiefe Dankbarkeit, wenn wir im Herz uns lieben. Die einstige runde Tafel reich, uns alle voll ernährte, bis Ego kam, sich eingeschleicht und alle Freude sich verwehrte.

Wo sind nur all der offenen Herzen hin? Einsam isoliert, sich Opfer und Täter peinigen, wir könnten auch im Frieden sein, bis Herzen sich vereinigen. Ausgesondert, abgespalten, das eigene Herz schier schmachtet, denn ausgeschaltet, totgeschwiegen, das eigene Ego, Herz verachtet.

Es ist bitterkalt im Selbst, wenn dein wärmend Herz dir fehlt, doch rede ich nicht von Partnerschaft, wenn Einsamkeit des Herzens quält. Wer ist sich schon selbst, wahrlich bester Freund? Wirst kaum du einen finden! Wenn du dein Herz gefunden hast, werden alle Schmerzen schwinden.

Noch immer liebe ich dich, doch magst nicht's mehr von mir wissen, aller Herzens Freundschaft geht uns verloren, wenn Egos ihre Flaggen hissen. Ein Gollum und ein Gollum haben keine Chance auf Liebe, denn ist des Ego's Naturell, gleich wie dies der Diebe. Einen wahren und ehrlichen Freund

deines Herzens, wünsche ich voll Wohlwollen dir zur Seite und findest alles, was deinem Herz gebührt, allein in Gottes Weite.
Einfach nur Liebe.
Dein bester Freund Heinrich